現代の超克

本当の「読む」を取り戻す

中島岳志
若松英輔

ミシマ社

プロローグ

本当の「読む」を取り戻す——。そのことのために本書は編まれます。

二〇一二年十月十六日、私たちは『近代の超克』をともに「読む」べく、当時実際に「近代の超克」の座談会が行われた場所にほど近い恵比寿で、対話を行いました。

なぜ、『近代の超克』だったのか。それは、この本が現在に至るまで、誤読を重ねられてきたという共通の問題意識があったからでした。

『近代の超克』は、もともとは『文學界』という雑誌に掲載されたものです。一九四一年十二月八日の大東亜戦争勃発から七、八カ月たった一九四二(昭和十七)年七月二十三、二十四日に収録され、九月号、十月号に連載されました。参加した知識人たちは、その大東亜戦争を単なる政治的なものと捉えるのではなく、文明的にどう位置づければいいのかという思想的格闘のなかにありました。

決まり文句のようにこの座談会について言われるのは、失敗だったということ。

知的エリートたちが、戦争賛美、大東亜戦争の意味づけをおこなった悪《あ》しき座談会という文脈で批判的に語られ続けてきた一方で、「近代の超克」という言葉は言葉として非常に強く残り、使われてきました。

しかし、『近代の超克』について論じたものを読んでいくと、誰ひとりとしてちゃんと読んでいない。「読む」ことを取り戻すための第一冊目として、みんな読んでいるように見えて、これだけ話題になりながら、これだけ読まれていないこの本を、まずじっくり「読む」ことから始めることとなったのです。

この本をめぐる私たちの対話から浮かび上がってきたのは、神の問題、霊性、科学や歴史の問題という、日本人が近代に置き去りにしてきてしまったものたちでした。それらは、ｉＰＳ細胞の技術や原発の問題など現代的なさまざまな問題と、分かちがたく結びついています。近代を「読む」とは、置き去りにしてきたことをもう一度捉え直すことであり、そこを読み解くことができなければ、現代的な問題を解くこともまたできないのです。

本書ではその試みを最終章で展開します。実際には、私たちの対話は、『近代の超克』、柳宗《むね》悦《よし》、ガンディー、そして唯一公開の場で、福田恆存《つねあり》と小林秀雄という順で行われました。ただし、書籍化にあたり、『近代の超克』を「読む」ためにも、柳、ガンディーらを先に「読む」ことが助けになるだろうと考えました。

そういうわけで、第一章から第三章において、最終章の対話で発見することになる、日本人が近代に置き去りにしてきたいくつかの問題について、実際に「読む」ことを通して考えていきます。第一章では柳宗悦の『南無阿弥陀仏』と『美の法門』を通して「美」の問題を。第二章ではガンディーの『獄中からの手紙』を通して「政治」の問題を。第三章では、置き去りにされた最たるものである「死者」の問題について、福田恆存の『人間・この劇的なるもの』と小林秀雄の『モオツァルト・無常という事』を「読み」、対話を重ねていきます。

そして最終章で、『近代の超克』を読み誤ったことで失ったものについて、対話が進みます。誤読すること、あるいは読まないことで、日本はどれだけの知的損失を被《こうむ》ってきたのか。そして今あらためて「読む」ことで、現代の諸問題がどのように照射されるのか。そのことを考えていきます。

ここにあげた近代の本を真に「読む」ことこそが、「現代の超克」につながる。そう思っています。

編集部註：
第一回目の対談（『近代の超克』）は二〇一二年十月十六日、第二回目（柳宗悦）は二〇一二年十二月二十六日、第三回目（ガンディー）は二〇一三年三月十八日、そして第四回目の公開対談は二〇一三年五月二十六日に行われました。本書はその内容に大幅に加筆修正し、再構成したものです。

第一章

民衆と美 柳宗悦『南無阿弥陀仏』『美の法門』を読む

第二章

近代と政治
『ガンディー　獄中からの手紙』を読む

第三章
「死者」を生きる 小林秀雄と福田恆存を読む

第四章 近代の問い 『近代の超克』を読む

シュタイナー
（1861-1925）**p.21**

今武平
（1868-1936）**p.236**

ガンディー
（1869-1948）**p.70**

タゴール
（1861-1941）**p.84**

出口王仁三郎
（1871-1948）**p.39**

大川周明
（1886-1957）**p.237**

大杉栄
（1885-1923）**p.90**

ハイデガー
（1889-1976）**p.186**

宮沢賢治
（1896-1933）**p.17**

ヴィクトール・
フランクル
（1905-1997）**p.239**

森有正
（1911-1976）**p.199**

古代日本
回帰の立場

小林秀雄
（1902-1983）**p.135**
p.229

三好達治
（1900-1964）**p.205**

中村光夫
（1911-1988）**p.185**

林房雄
（1903-1975）**p.183**

菊池正士
（1902-1974）**p.213**

河上徹太郎
（1902-1980）**p.237**

亀井勝一郎
（1907-1966）**p.204**

竹内好
（1910-1977）**p.175**

諸井三郎
（1903-1977）**p.229**

津村秀夫
（1907-1985）**p.232**

越知保夫
（1911-1961）**p.131**

■「近代の超克」参加者

◎本書に登場する主な人物

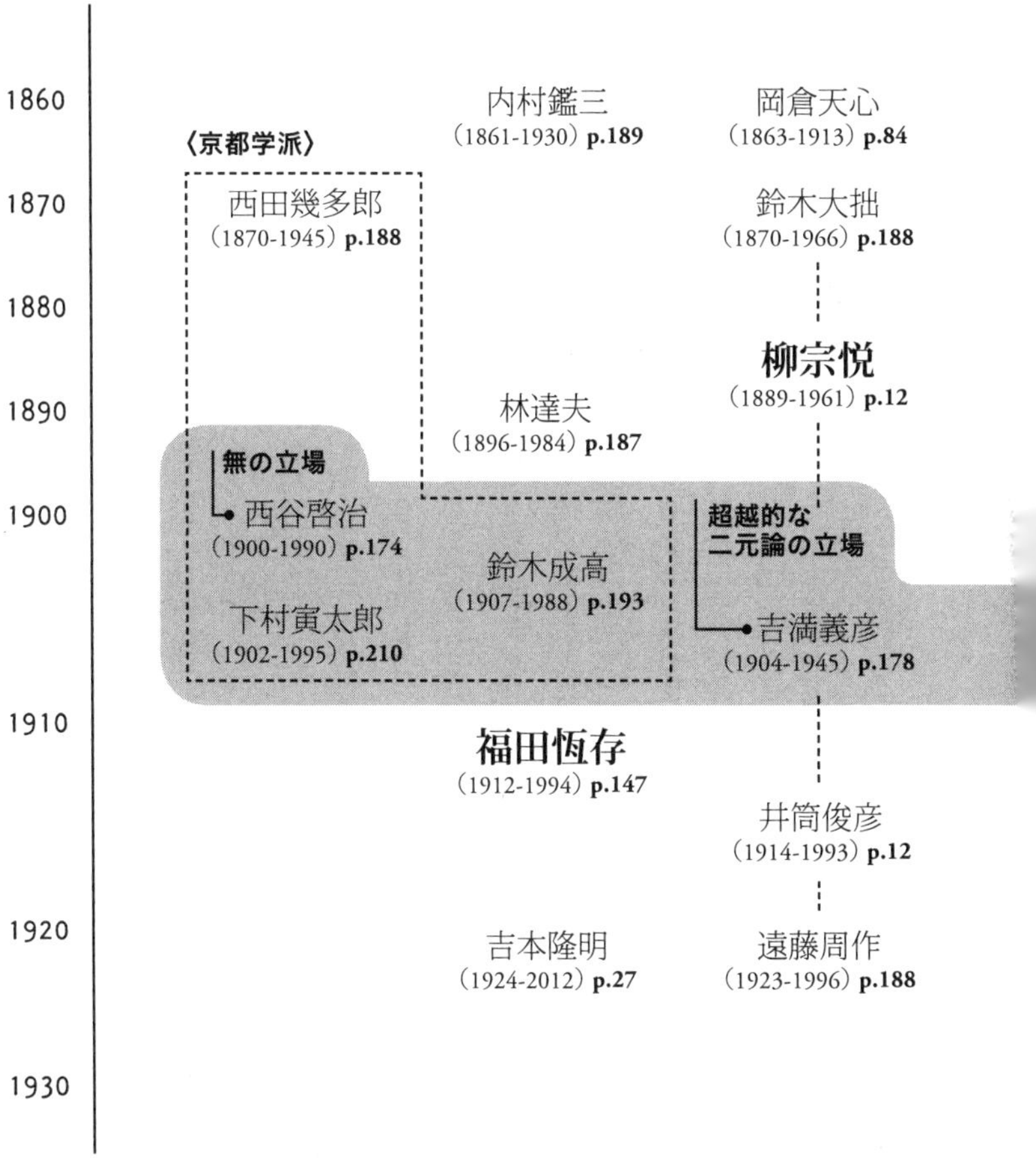
1860
1870
1880
1890
1900
1910
1920
1930
〈京都学派〉
西田幾多郎
（1870-1945）p.188
無の立場
西谷啓治
（1900-1990）p.174
下村寅太郎
（1902-1995）p.210
内村鑑三
（1861-1930）p.189
林達夫
（1896-1984）p.187
鈴木成高
（1907-1988）p.193
福田恆存
（1912-1994）p.147
吉本隆明
（1924-2012）p.27
岡倉天心
（1863-1913）p.84
鈴木大拙
（1870-1966）p.188
柳宗悦
（1889-1961）p.12
超越的な
二元論の立場
吉満義彦
（1904-1945）p.178
井筒俊彦
（1914-1993）p.12
遠藤周作
（1923-1996）p.188

※

本書で「読む」主な本

『南無阿弥陀仏』『新編　美の法門』（柳宗悦、岩波文庫）

『ガンディー　獄中からの手紙』（ガンディー著、森本達雄訳、岩波文庫）

『モオツァルト・無常という事』（小林秀雄、新潮文庫）

『人間・この劇的なるもの』（福田恆存、新潮文庫）

『近代の超克』（河上徹太郎他、竹内好、冨山房百科文庫）

※※

*W*は若松英輔、*N*は中島岳志の発言を意味します。

引用文献の仮名遣いは、原則として原文のままとしています。

ただし、編集部の判断で適宜ルビを追加しています。

chapter one

第一章

民衆と美

柳宗悦

『南無阿弥陀仏』

『美の法門』を読む

芸術、哲学、宗教、政治等々が論理だけで語られることに異を唱えた柳宗悦。民衆のものを民衆の手に取り戻すという、今日に直結する根本問題

W 『南無阿弥陀仏』『美の法門』について

『南無阿弥陀仏』『美の法門』はともに、柳宗悦《むねよし》（一八八九―一九六一）の代表的な著作で、ことに『南無阿弥陀仏』は、思想家柳宗悦の主著と呼ぶべき作品です。

この二冊が書かれたのは晩年といってよい時期でした。思想家の場合、主著は、筆者の思想だけでなく、その生涯すらもそこに浮かび上がる場合が少なくありません。思想家の主著は同時に、その人物の精神的自叙伝でもあるといえます。柳から決定的な影響を受けた井筒俊彦（一九一四―一九九三）の『意識と本質』、柳の師である鈴木大拙《だいせつ》（一八七〇―一九六六）の『日本的霊性』もそうした著作です。柳宗悦とは誰かを、一言でいうのは難しい。彼はじつに多面的に活躍した人物でした。むしろ、現代の狭い分野・専門には収まらない。その点でも、大拙、井筒と共通しています。

若き柳宗悦は、志賀直哉（一八八三―一九七一）、武者小路実篤《むしやのこうじさねあつ》（一八八五―一九七六）らと『白樺』の中心人物として活躍しました。『白樺』は、単に文学に新潮流をもたらしただけでなく、フランス印象派やロダン（一八四〇―一九一七）など、当時ヨーロッパを大きく揺るがす精神運動となっていた芸術を、日本に紹介する役割も担《にな》っていました。

それと同時に彼は今日でいうプロデューサーとして、この雑誌の芸術運動にも深く関わり、大きな役割を担っていました。この時点ですでに、芸術と哲学を架橋《かきょう》するという柳の精神が開花していることは注目してよいと思います。

この雑誌に柳は、宗教哲学の論考を中心に寄稿します。それらの作品で柳は、ユダヤ教、キリスト教、イスラームはもちろん、仏教、儒教、道教をも射程に入れ、論を展開します。『宗教とその真理』『宗教の理解』『神について』などの著作が初期の柳の代表作ですが、これらが記されている文体は、今日の「哲学者」と呼ばれている人々のものとはまったく違います。むしろ、小林秀雄（一九〇二―一九八三）の先駆《せんく》をなすような、とても詩情豊かなものです。

そうした彼があるときから工藝品をめぐって書き始めます。一個の器のなかに真も美も善も見ることができると語り始める。真に救いと呼ぶべきものがあるとすれば、誰にでも開かれていなくてはならない。その開《ひら》けの場所を求めて彼は、「民藝」の世界に入っていくのでした。「民藝」とは、「民衆的工藝」の略語です。この一語によって近代日本は、それまで知られていなかった新しい美の姿と伝統に目覚めます。柳は「民藝」を創設したのではありません。彼は「民藝」を発見したのです。

そのきっかけとなったのは、浅野伯教《のりたか》（一八八四―一九六四）・巧《たくみ》（一八九一―一九三一）兄弟を通じた朝鮮陶器との出会いです。民衆と美のあいだに、彼の中で有機的、といってよいつながりが生まれる契機となったのは、隣接異文化との出会いでした。この事実は柳の生涯を考えるとき、とても重要な点です。朝鮮の人々はもちろん、その芸術、歴史に対する敬愛は彼の後半生を貫くものとなっています。

のちに柳は、周囲の人々の協力と援助を受けながら、優れた「民藝」の収蔵庫である「日本民藝館」をつくります。しかし、彼はこの営みと同質のことをすでに日韓併合下の朝鮮・京城、今日のソウルですでに実践しています。「朝鮮民族美術館」の創設です。

当時の文章で柳は、民衆の作品による美術館という前例のない営みを試みるにあたって、「新しい平和の家を争いの京城に建て」るのである、と書いています。超越を論じることと、一個の器に究極の美を見出すこと、そして平和の実現について、彼のなかでは区別はありませんでした。

超越にふれることが救済である、あるいは、すでにふれていることを認識することが救いであるというのは、多くの宗教において、さまざまな表現をとりながらではあっても、共通した認識だといえると思います。柳は、美とは、超越がこの世界に自らの姿をまざまざと顕現《けんげん》させる力強い姿であることに気がつきます。柳は美にふれることもまた、一個の恩寵《おんちょう》の経験だというのです。

『南無阿弥陀仏』と『美の法門』はともに、柳宗悦における哲学と芸術の融合点というべき著作でもあります。すべての人が宗教書や哲学書に親しんでいるわけではない。しかし、器にふれ、あるいはそれを見ることはできる。器を日々の生活の中で用いることはできる。柳は、コトバによって真理を身に引き寄せるように、器に親しむことによって美を傍《かたわ》らに生きることができる、と信じたのでした。

民衆と「ことば」

W 難しいものを捨てたい

『南無阿弥陀仏』の第一章のはじめで柳は次のように書いています。

宗門の人、特に学識のある僧侶《そうりょ》の書くものを見ると、述べてある真理が、深く教学に立ち入るにつれ、余りにも専門化されて門外の者には疎遠な感じを起《おこ》させやすい。それに枝葉な問題に精細になると、とかく本質的なことが置きざりにされる。むしろ学問のための宗論で、活《い》きた信仰とはかけ離れてしまう。

『南無阿弥陀仏』p.26)

仏教を、民衆の救済を忘れた、貧しい仏教学論議から解放したい、と柳はいうのです。ここで柳は、仏教学あるいは宗門の教学を否定しているのではありません。しかし、学の論理が信仰の深化をさまたげるようなことがあってはならない。論理の働きとは、いつか、論理の彼方《かなた》へと飛翔するためのものであることを忘れてはならない、と柳は考えている。学問のための宗論がはびこると、「活きた信仰とはかけ離れてしまう」とすら柳は書いています。言語的整合性を突きつめた教学が、民衆と「宗教」とのあいだに溝をつくったのではないか。侵《おか》されざるドグマと化した教学から「信仰」の世界を取り戻したいと柳はいうのです。

柳の言葉は強い。受け入れがたいと感じるかもしれません。しかし、この指摘は今日も生きています。仏教だけでなく、多くの宗教が直面している問題でもあります。同質の問題は、教学、神学だけでなく、学問と真理のあいだにもある。宗教哲学者としての柳もまた幾度《いくど》となく、文字を証拠に論を展開するだけでなく、研究の研鑽《けんさん》に想像力と経験を合わせた生きた学問の場を取り戻さなくてはならないと書いています。

また、哲学、芸術だけでなく、今日では政治的問題を考えるうえでも柳の指摘はとても重要な示唆《しさ》を与えています。今回の二冊ではあまり言及されませんが、先に朝鮮の問題で少しふれたように柳宗悦はどこまでも実践的な平和運動家でもありました。『朝鮮とその藝術』、ことにそこに収められた「朝鮮を想う」や「朝鮮の友に贈る書」などに、その姿勢ははっきりと表れています。

美と芸術家との関係は、政治にもいえて、政治の現場とは、議会だけでなく、むしろ市井《しせい》の人々の日常にあると柳は感じています。近代日本において美は芸術家と称する者に独占されているかに映るが、現実は違う。美は遍在し、むしろ、民衆の生活のなかにまざまざと息づいている。美を芸術家の手から、民衆の手に取り戻さなくてはならない。美は芸術家に独占されるものではなくて、むしろ民衆の中に根づいているもので、その力を民衆の中に生かさなくてはならない、というのです。

民衆のものを民衆の手に取り戻すこと、それが柳の根本問題だった。政治家によって語られている「政治」は狭く、私たちの日常的感覚とかけ離れている。そちらには隠された偽りがある。政治はいつも私たちの日常の問題であり続けている、というのは、私たちが日々感じていることではないでしょうか。

政治もまた、どこまでも民衆のものです。政治的問題とは、私たちの日々の生活に深く関係する社会的な事象のことです。政治家や政治評論家の自由にさせてはならない。民衆の常識、民衆の精神に刻印されている叡知《えいち》が、政治家の政策や学者の論理の前に軽んぜられるようなことがあってはならない。

ここでは詳しくふれることはできないのですが、同質の問題を農民とともに考え、実践したのが宮沢賢治（一八九六―一九三三）です。美を接点に賢治と柳を考えることは近代精神史の重要な問題の一つです。もちろん、ここには二人の仏教との関係もからんできます。また、柳はこの本の序文で次のように述べています。

南無阿弥陀仏は全く梵音《ぼんおん》なのであるが、今は日本の言葉に溶け込んで、誰一人知らぬ者はない。むしろそれが「無量寿《むりようじゆ》の覚者《かくしや》に帰依《きえ》し奉る」という意味の方をかえって知らない。

（『南無阿弥陀仏』p.3）

この一節は、民衆のなかに今も生きている日本的霊性に対する、柳の強い賛辞の表現です。民衆は、意味を知解するより先に、「南無阿弥陀仏」を血肉化したというのです。

しかし、「南無阿弥陀仏」という言葉の原意は音なのに、仏教学の洗礼を受けると人は、そこに音を感じる前に語彙《ごい》を見出そうとする。柳は、いたずらに意味を解析するのではなく、音に還《かえ》ろうと訴える。別な言い方をすれば、言語という言葉だけでなく、音というコトバ――井筒俊彦がいう高次な言語としての「コトバ」――との関係を取り戻すことを強く促す。

音に還るというのは、押しつけられた理ではなくて霊的な衝動に還れということです。ここでの「衝動」とは、短絡的な行動原理のことではなく、人間の精神の深みから湧き上がる、打ち消しがたい、確かな、人間を超えた者を渇望する感覚です。アリストテレス（紀元前三八四―紀元前三二二）はそうした働きを「オレクシス」と呼びました。人間には、人の力ではどうしても埋めることのできない場所があり、人はそこに超越が働きかけるのを本能的に求める、というのです。柳も同質のことを語ります。聖なるものを求める本能を目覚めさせ、それが導くところへ還ろうではないか、と柳は呼びかけるのです。

N「なまんだぶ」というコトバ

工人たちは識《し》らずして称名《しょうみょう》をしながら仕事をしているともいえる。焼物師が轆轤《ろくろ》を何回も何回も廻《まわ》すその音は、南無阿弥陀仏、南無阿弥陀仏といっている音である。

『南無阿弥陀仏』p.44

最近、浄土真宗のお寺で講演をさせてもらうことが多いのですが、そのときに門徒さんと一緒に念仏を唱えていると、「南無阿弥陀仏」と言っている人はいなくて、みな「なまんだぶ、なまんだぶ」と言っています。阿弥陀仏も南無も消えていて、音になっているわけです。これが井筒が言おうとした「コトバ」だなと思います。井筒は言語ゲームを超えた「言葉」を「コトバ」と表現しました。たとえば、私たちは死者と「言葉にならない言葉」で対話しています。ヴィトゲンシュタイン（一八八九―一九五一）は「語りえぬものについては、沈黙しなければならない」と言いましたが、この「語りえぬもの」の表現が「コトバ」です。だから、それは「なまんだぶ」という音になったり、ろくろを回す音になったりします。井筒も柳も、この「コトバ」を重視した人でした。

昔、能登《のと》に、よく行っていたおばあさんの家があって、夫に先立たれてひとり暮らしをされていました。そのおばあさんは真宗の門徒なのですが、親鸞《しんらん》については「難しいことはよくわからん」というわけです。そして夜一緒にご飯を食べながら、宗教の勉強をしている私に親鸞の話を聞いたりしていました。

　ある日そのおばあさんの家に行ったら、台所にいきなり「ＮＰＯ」と紙に書いて貼ってあったのです。どうしたのかなと思って、「なんでＮＰＯって書いて貼っているんですか？」と聞きました。すると、「自分には難しいことはわからんのだけども、なんか計らいを超えて人のためにつくしなさいという言葉だと新聞に書いてあった」というのです。だから「これはありがたい言葉なんだ」と思って、台所に「ＮＰＯ」と書いて貼っているというわけです。

　僕はなるほどと思いました。これは井筒のいう「コトバ」ですよね。Non Profit Organizationという意味は問題ではなく、ここでは「ＮＰＯ」は「なまんだぶ」に近いのです。

　こういう民衆世界の中に、計らいや自力を超えたものを柳は見出しました。そして、この凡《ぼん》夫《ぶ》の世界から、近代宗教に対する違和を表明したのだと思います。

　日本近代の仏教は「プラクシス（実践的なもの）」を価値の低いものと見なし、個人の「ビリーフ（信条的なもの）」こそが信仰の本質だと考える傾向がありました。西洋から入ってきた哲学に影響されるかたちで、仏教の側からも個の内面の問題に迫ろうとした結果でした。その結果、信仰の課題は思弁的な哲学の方向へと回収され、社会で行われてきた仏教習俗や日常的実践が本質ではないものとして軽視されるようになります。しかし、柳は凡夫の日常性の中にこそ、絶対他力の信仰の本質があると考え、具体的なプラクシスの中から宗教の本質に迫ろうとした人でした。

論理の世界のほうが嘘である

『南無阿弥陀仏』を通じて柳が語るのは、世界観の逆転です。

世界観というとき、いつも思い出すのは次のルドルフ・シュタイナー（一八六一―一九二五）の言葉です。シュタイナーは「世界観」とは、その人の考えを改める程度のものではなく、存在の根底を刷新するものでなくてはならないと語っています。井筒俊彦は古代ギリシャの哲人たちを論じながら、「彼等はいずれも哲学者である以前に神秘家であった」と書いています。彼らが問題にしたのは言説ではなく世界観の刷新だったというのです。ここでの神秘家もまた、超越者である「神」がもたらす秘儀《ひぎ》の道を、真に生き抜こうとする者の謂《いい》です。

ここでシュタイナーの名前を出すのは思いつきではありません。シュタイナーと柳にはさま

◆
計らい　自己の能力に依拠して社会を動かそうとすること
自力　自分だけの力で修行し悟りを得ようとすること
凡夫　欲望や執着などの煩悩《ぼんのう》に支配されて生きている人間
絶対他力　阿弥陀如来の本願に拠らずには極楽往生できないという仏教思想の一つ

ざまな共通点があります。まず、シュタイナーが一世代上ですが、同時代人であること。美の働きに現代の混迷を突破する力を見出していたこと。どこまでも民衆のなかに生きたこと。そして、既存の宗教という形態を超えた新しい霊性のかたちを模索し、それを実践的に解決しようとしたことです。オーストリア人と日本人ですから表現は異なるのですが、二人の影響を強く受けた芸術家、文学者が出ていることも一致しています。そして、シュタイナーも柳と同じく、とても一言ではいえませんが、本当の意味での神秘家です。

絶対他力を、今はあえて「超越」あるいは「超越の働き」と呼ぶことにします。論理で超越を語ろうとする近代に向かって彼は、超越があるから論理が存在するのであって、論理とは、人間が超越に向かおうとするときに歩く、長い道程のなかにある場面の呼称にすぎないというのです。

橋がなければ人は、河を渡ることはできない。幾人かの屈強な人は泳いで渡るというかもしれませんが、多くの人にとってそれは不可能に近い。論理とはこの世界と超越の世界を隔てる河を結ぶ橋のようなものです。しかし、実際の旅がそうであるように、橋を渡っただけでは旅は終わりません。

論理が整うところに終着点や終結点を見ることに甘んじる者は、橋の終わりが旅の終わりだという者に似ている。むしろ、それは始まりにすぎない。私たちが見るべきは橋の向こうの山のなかにあるかもしれないのです。

『南無阿弥陀仏』でも『美の法門』においても柳は、論理の破れたところに見るべき地平を見出そうとする。人間のもつ光で彼方の世界を見るのではなく、彼方の世界からの光でこの世界を見、その光に導かれて光源に至ろうとすることを、彼は「信仰」と呼んでいます。

ですから彼にとって信仰とは、生きてみなければわからないものだった。知識をため込むだけではどうしても感じることのできない人生の出来事だった。法然《ほうねん》（一一三三―一二一二）、親鸞（一一七三―一二六二）、一遍《いっぺん》（一二三九―一二八九）といった先師たちはいわば、信仰の道を行く彼にとっての道標だったのです。この三人にふれ、柳はとても興味深いことを書いています。

私は法然、親鸞、一遍を、三つの異る位置において見ようとするのではなく、この三者をむしろ一者の内面的発展のそれぞれの過程において見たいのである。三人ではあるが、一人格の表現として考えたいのである。

（『南無阿弥陀仏』p.33）

法然は浄土宗の開祖で、親鸞はその弟子です。親鸞は当初、新しい宗派をつくる意図はありませんでしたが、没後、彼の霊性は今日、浄土真宗として継承されています。一遍も法然の血脈を継いだ人物ですが、彼の後にも時宗《じしゅう》という宗門ができ、今日に至っています。一遍が生まれたのは一二三九年、親鸞が亡くなるのは一二六二年、このとき一遍は二十三歳です。一遍が本格的に出家するのはそれから十年後の一二七一年ですから一遍と親鸞は同時代人ではあるが、法然と親鸞のような交わりはありません。もちろん、こうした歴史的背景を踏まえながら、なお、柳はこの三人を「一人格」と見なしたい、というのです。

大拙も『日本的霊性』で法然と親鸞は二つの別々の人生を歩いたが、一つの「人格」であると書いています。柳はもちろん、そのことを熟知している。「近時鎌倉仏教の偉大性を明《あきら》かにされた鈴木大拙博士の名著『日本的霊性』にも一遍上人は登場せぬ。禅的な立場からも特に論ぜらるべきだと思える上人のことに触れておられないのは何故であろうか」（『南無阿弥陀仏』p.243）と柳は書いています。むしろ、先人の仕事を踏まえながら、なお、一遍を加えて「一人格」であるというのです。

ここでとくに着目するべき点は三つあります。

一．「一者」という術語を柳が用いていること

二．「一人格」を形成しているのが、二者ではなく「三者」であること

三．一遍を法然、親鸞と同列の宗教者として論じていること

「一者」という術語には、新プラトン主義の祖プロティノス（二〇五？―二七〇）が絶対者を呼ぶときに使った「to hen（ト・ヘン）」が背景にあります。プロティノスは、三世紀、ローマ時代のエジプトに生まれ、のちに当時の思想世界の中心地だったアレクサンドリアで活躍した哲学者

です。彼は古代ギリシャ哲学の叡知を蘇《よみがえ》らせることが自分の使命だと考えていました。「一者」は、プロティノスの哲学のなかでもっとも重要な言葉の一つです。

ここに柳があえて「三者」とした意味を考えてみます。

絶対的な一者が三つの「顔《ペルソナ》」をもつ、それがキリスト教の三位一体です。柳はある時期、キリスト教、それもカトリシズムに著しく接近することがありました。彼は近代日本におけるもっとも優れた、また、近代日本においては先駆的なキリスト教哲学の理解者でした。「最初、基督《キリスト》教を学んだ私としては、他力的な宗教には、むしろ親しみが多かった」（『南無阿弥陀仏』p.39）と柳は述べています。柳は、日本における浄土教の歴史と霊性を、古代ギリシャ哲学、プロティノス、そしてキリスト教の伝統を重ね合わせながら考えようとします。

さらに柳は、親鸞に日本浄土教の完成を見るのではなく、一遍に継承されることによって高度な結実を見ると言います。この発言はいま一度再考されてよいと思うのです。

法然も親鸞も民衆のなかに生きた、あるいは生きようとした宗教者でした。それは浄土教の根底を流れる霊性です。しかし、そのなかにあってもなお一遍は、先行する二人とは性質を異にするものでした。民衆への同化において一遍は、二人の先師を著しく超えていた。法然も親鸞も民衆に寄り添った。これは日本仏教史において革命的な出来事でした。しかし、一遍は、自らが民衆のなかに溶け込んだのです。

法然も親鸞も特異な布教者でしたが、同時に、今日の言葉でいえば大変優れた仏教哲学者でもありました。この二人を空海（七七四―八三五）、道元（一二〇〇―一二五三）と並ぶ「哲学者」として認識するとき、日本思想史に眠っている可能性がいかに大きく豊かなものであるかを私たちは再認識することになるはずです。

しかし、一遍が選んだ道は違います。彼には法然の『選択《せんちゃく》本願《ほんがん》念仏集』や親鸞の『教行信《きょうぎょうしん》証《しょう》』のような思想的著作はありません。彼は自分に流れ込む霊性の伝統を言葉で語ることをしなかった。先師の業績があるので、彼は同じことをする積極的な意味を感じなかった。彼は先師の伝統を体現した。一遍に著作はありません。残されているのは「語録」（『一遍上人語録』）です。言葉を超え、行為という「コトバ」によって表現される霊性の地平が一遍によって開かれた、と柳は言うのです。ときに言葉は信仰の深化の障壁となる。一遍は言語を極点まで無化しようとする。人間が念仏を唱えるのではなく「念仏が念仏する」（『南無阿弥陀仏』p.5）のである、と一遍は語ったと柳は言います。

また、『美の法門』には次のような一節があります。

益子《ましこ》に山水土瓶を画くお婆《ばあ》さんがある。何十年という仕事の生活の間に、およそ四百万個の土瓶に山水を描いたという。それこそ繰り返しの繰り返しだが、何辺《なんべん》同じものを描いても絵がだれていない。何故か、目をつぶっても描けるほどになっている自由さが、繰り返しという倦怠さの不自由にも縛られないのである。一度一度がさながら描き初めの如き新鮮さとなって現れてくるのはそのためである。面白い出来事である。不思議にも繰返しが、ここではやり直しではない。かえってそのままやり初めになる。普通なら嫌気《いやけ》がさして、投げ出したい仕事に違いない。否々、実際のお婆さんの述懐では「こんな仕事はちっともやりたかーねー」という所なのである。しかるに、やりたくてやる以上の自由さがあるのである。やりたい心などに囚《とら》われる縁がない仕事だともいえる。
（『美の法門』p.51）

ここで柳が語っているのは「民藝」が生まれる現場です。一遍は、「南無阿弥陀仏」と書かれたお札を、出会う人ひとりひとりに渡した。年老いた女性が土瓶に絵を描くように、一遍は人々に六字の名号《みょうごう》を伝えていった。「一遍上人は、多くの人々に仏縁を求めて、六字の名号を記した小さな札を、会う人毎《ごと》に手渡していった。遊行《ゆぎょう》するにつれて彼が行った賦算《ぶさん》である」（『南無阿弥陀仏』p.208）と柳は書いていています。真に民衆の中で生きる信仰、それを実現した一遍に柳は日本宗教の大きな変貌と発展を見ているのです。

N 親鸞はオリジナルという概念を解体した

戦後最大の思想家といわれた吉本隆明（一九二四―二〇一二）は『最後の親鸞』という名著を書いています。この中で、僕が一番好きなのが「和讃《わさん》」という文章です。吉本らしい親鸞論で、一番の傑作だと思います。吉本が注目するのは、親鸞が書いた和讃は他者を魅了しようとしていないということです。ただ独り言のように書かれていることが重要で、そこに親鸞が真の詩人であった証《あかし》があるというのです。

和讃は、今でもお寺で声を合わせて唱えられています。しかし、宗教的高揚感を伴うものではない。何か集合的熱狂を煽《あお》るようなものとして存在しているのではありません。吉本はこの点に注目し、「これは詩だ」という。なぜなら、それは自分自身に向けられた言葉だから。他者を感化しようという計らいを超えているから。自力を超えて紡《つむ》がれた言葉に、吉本は詩の本質を見ようとしました。これは柳が「美しくつくろう」という計らいを超えてつくられた日用品の中に、「美の法門」を見出した視点と重なります。

親鸞は徹底的に「オリジナル」という概念を疑った人だと思っています。自分が単独でゼロから何か新しい観念を生み出すなんてありえない。人間はあくまでも死者から伝承された言葉の器であって、言葉が先に存在する。そう考えたのが親鸞です。

親鸞の代表作は『教行信証』です。これは全面的に経典などの引用で成り立っています。そのため、『教行信証』にはオリジナリティがないと批評する人がいますが、親鸞は「オリジナリティ」こそを疑っているのだと思います。なぜならば自分の言葉の中にオリジナリティが存在すると考えることこそ、自力の世界にほかならないからです。だから、彼は「言葉の器」に徹することを自らに課した。過去に紡がれた言葉が親鸞を通過して表象される。それが『教行信証』のスタイルです。

『教行信証』の非常に面白い点は、彼の師匠の法然の言葉がほとんど出てこない点です。これまで通説では、『教行信証』は法然の正しさを立証するために書かれたのだから、法然の言葉を議論の対象とはせず、それゆえに法然が引用されていないという解釈でしたが、私はもう一歩、踏み込んで考えたい。それは、親鸞が死者となった法然と対話することで書いたのが『教行信証』だったのではないかということです。親鸞は法然とコトバで交わりながら『教行信証』を書いた。親鸞の感覚でいうと、『教行信証』は死者・法然との共著だったのではないかと思うのです。

どこまでが自分の言葉で、どこまでが法然の言葉なのかわからない。そのような死者との真の交わりが『教行信証』において成立していたのではないかと思うのです。だから大量の引用の中に、法然が登場しない。オリジナリティという概念を解体したところに、彼が行き着いた自力の超克という哲学があった。親鸞は言葉とコトバの本質をつかんでいた。『教行信証』はそのスタイル自体が思想なのです。

N 念仏と往生の因果を超える

念仏は往生を得るための方便と考えてはならぬ。何々のために念仏の行を行ずるのではない。

我が念仏の力で往生が出来ると思うのは間違いである。往生は念仏自らに備《そなわ》ったおのれなりの功徳なのである。本願として現れた念仏は、人間の自力を預件《よけん》とはしていない。

（『南無阿弥陀仏』p.118）

柳の名号論のすごいところは、あらかじめ吉本の『最後の親鸞』を超克していることです。吉本は、念仏と往生の因果関係を疑います。つまり念仏をすれば往生できるという因果を認めてしまえば、それは自力を認めることになるのではないかという指摘です。往生したいという計らいに基づいて念仏を唱える。念仏を唱えるという自力の発動によって往生できる。この両者の因果関係を認めてしまえば、浄土真宗は最後の最後で自力の思想に還元されてしまうのではないかというわけです。そして、親鸞はこのことに気づいており、最後は念仏をも超克しようとしたのではないかと指摘し、最後の親鸞は宗教までも解体していると論じました。

柳は、吉本が『最後の親鸞』を書く前に、この問題を認識し、吉本の論理を超える名号論を提示しています。柳によると、念仏は「往生を得るための方便」などではありません。念仏によって往生できるというのも間違いです。念仏は自己の計らいではなく、阿弥陀仏の計らいだと柳は言います。つまり念仏は絶対他力の働きであって、自己の主体的な意思によるものではないというのです。私が念仏を唱えるのではなく、絶対他力が私をして念仏を唱えせしめている。私は他力に導かれて、念仏を唱えるのです。

だから、私たちは「南無阿弥陀仏」によって超越的なものに包まれる。我即仏となる。「南無阿弥陀仏」という名号こそが、往生そのものである。これが柳の結論でした。「救いは因果には依《よ》らない。救い自らの働きなのだ」（『南無阿弥陀仏』p.131）。「吾々が仏に帰入するのではない。仏が吾々に求めて帰入せしめるのである」（同右p.136）。この「方向の逆転」こそが重要になってきます。

「南無阿弥陀仏」は「阿弥陀仏に帰命する」という意味です。しかし、最終的に「南無阿弥陀仏」は意味を超えた「コトバ」になります。これが凡夫の世界の「なまんだぶ」なのだと思います。柳は、そのコトバを見つめようとした。「名号で人間と阿弥陀とは不二《ふに》に入る。入不二が往生である。だから名号に往生があるのである」（同右p.197）。柳の到達点はあらかじめ吉本を超えています。

民の力

W 美は価値「で」ある

『美の法門』の初版に寄せた「後記」——岩波文庫版には収録されていません——で「価値」の問題にふれて柳は、次のように書いています。

美は哲学上「価値」と呼ばれるものの一つであるが、価値である限りは、内に無上性を持つものであって、単に醜に対する美に止まるが如きものではない。若《も》し止まるなら相対値に過ぎぬではないか。それが絶対値に触れる限りは、永遠なるものと結ばれていなければならない。

（『美の法門』後記）

価値とはもともと、絶対的なものの顕《あら》われを意味する言葉であって、相対的な何かを表現するときに用いる言葉ではない。価値とは永遠と結びつく何ものかを表現するときに用いる言葉だと、柳は言うのです。

日ごろ私たちは、これは価値がある、価値がない、としばしば口にします。あたかも価値を所有できるように語ることが少なくありません。それは自分にとって値打ちがあることを意味しています。しかし、柳の認識からすると、そうしたときは価値という言葉を用いるべきではない、ということになる。

価値は、すべての人に開かれて、個々の人間の魂に、直接語りかける。彼が書いていたように「美」はたしかにそうです。別な言い方をすれば、これは価値「が」ある、ではなく、これは価値「で」ある、と書かねばならない。美には価値がある、ではなく、美は価値である、と柳は考えている。価値を認識するとき、自分の利害あるいは損得を中心にするのではなく、むしろ、その彼方の次元があることを告げ知らせるものが、本当の意味での「価値」だと柳は言う。

この問題を考えるとき、極限まで自分に引きつけてみるといっそう明確になります。「あなたは価値がある」と言われたときは嬉しいかもしれない。しかし、「あなたには価値がない」と言われたらどうでしょう。失望するだけでなく、深く傷つくかもしれません。どんな人であれ、存在しているということには意味があります。人が存在することそれ自体が価値なのです。人間には誰にも、何人《なんぴと》たりとも、侵すことのできない存在の価値が宿っている。それが美と共振し、共鳴する。

『南無阿弥陀仏』と『美の法門』、この二著を貫いている柳の試みは、価値の逆転だということもできると思うのです。そのもっとも高次な、また、柳の精神を如実に表現している一節が『南無阿弥陀仏』にあります。

「悲」とは含みの多い言葉である。二相のこの世は悲しみに満ちる。そこを逃れることが出来ないのが命数である。だが悲しみを悲しむ心とは何なのであろうか。悲しさは共に悲しむ者がある時、ぬくもりを覚える。悲しむことは温めることである。悲しみを慰めるものはまた悲しみの情ではなかったか。悲しみは慈《いつく》しみでありまた「愛《いとお》しみ」である。悲しみを持たぬ慈愛があろうか。それ故慈悲ともいう。仰いで大悲ともいう。古語では「愛し」を「かなし」と読み、更に「美し」という文字をさえ「かなし」と読んだ。信仰は慈みに充ちる観音菩薩を「悲母観音」と呼ぶではないか。それどころか「悲母阿弥陀仏」なる言葉さえある。基督《キリスト》教でもその信仰の深まった中世紀においては、マリアを呼ぶのに、'Lady of Sorrows' の言葉を用いた。「悲しみの女」の義である。

（『南無阿弥陀仏』p.88-89）

世界は悲しみに満ちている。その事実は認めなくてはならない。しかし、悲しみとはただ、悲惨な出来事であるだけなのだろうか、と柳は問いかけるのです。悲しむ者は、他者の悲しみを感じるとき、そこにぬくもりを見出す。悲しみは、意識されないところで別の悲しみを慰めているると柳はいうのです。さらに、「かなし」という言葉は「悲し」だけでなく、「愛し」あるいは「美し」とも書いた。観音とは悲しみの母であり、キリスト教の伝統でも人々はマリアを貫く「かなしみ」に心を寄せたと語るのです。

著述家としての柳は多作ですが、私にはこの一節がもっとも柳の霊性を如実に顕わしているように感じられます。この言葉の背景には彼が妹を喪《うしな》った経験があります。一九二一年、妹は子どもを産んでほどなく亡くなります。この個人的な経験が哲学者柳宗悦を生んだ。彼にとっては、個的な経験を深化させ、普遍に接近させようとする道程が哲学の道だった。

悲しみと悲しみが合わさったとき、情愛が生まれる。悲しみを知らない人はいない。人と人がつながるのは喜びをとおしてではなくて悲しみをとおしてだ、と柳は感じている。さらに、仏教やキリスト教といった宗派の違いを乗り越え、その彼方に導くのも悲しみの道だというのです。

悲しみを、悲惨なだけの出来事にしてしまったのが現代です。それはとても貧しいことだと思います。悲しみはけっして惨《みじ》めなだけの経験ではない。むしろ、悲しみの扉を経なければ、どうしても知ることのできない人生の真実がある。

震災後、私が死者論（『魂にふれる──大震災と、生きている死者』『涙のしずくに洗われて咲きいづるもの』）を書くことで、世に問いたかったのは、この一点だといってもよいくらいです。現代は悲しみをすぐなくそうとする、しかし、悲しみはそれでは解決しない。

大切な人を喪う。悲しみに暮れる。しかし、私たちがそれほどに悲しむのは大切な何かとともにあったからです。悲しみは単に失われた経験ではなく、自分が何を生きていたのかを告げ知らせてくれる経験です。

大切な人を喪い、悲しむとき、人は、自分は独りだ、誰も自分の悲しみをわかってくれないと感じる。しかし、そのとき同時に人は、喪ったはずの人を自分の近くに感じることがある。悲しみの涙は、過ぎ去った出来事に秘められていた意味を洗い出す。悲しみを感じるとき人は、かつては感じることができなかった幸福が、たしかに存在していたことに気がつく。さらにいえば、それは今も、姿を変えて自分のなかに生きていることを知る。この世における不在は、実在の確かな証であるとすら言えると思うのです。

N 無縁のすすめ

讃嘆すべきことには、仏は審判者ではなかったのである。あるものを嘉《よみ》しあるものを罰するのではない。彼は大悲なのである。何ものをも彼の慈悲で迎え取ってしまうのである。本来凡《すべ》てがそう仕組まれているのである。

ただそれらのものが現世の絆《きずな》に縛られると、たちまちに美と醜との反目の中に置かれてしまう。二元以外に出られないのが、現世における万物の命数である。此岸《しがん》にいる限りはどんなものといえども生滅の二から脱《のが》れ得ないのである。かくして矛盾や反目や闘争が果しなく続いてくる。何ものも永遠ではない。一切の限界のうちに沈んでしまう。だからこの世は無常である。無常から脱れられないのが二元に住むものの宿命である。だが凡てのそれらの無常なもの有限なものは、虚仮《こけ》なのである。仮初《かりそめ》なのである。本来の実相ではないのである。本原のものではあり得ないのである。それはいたずらの迷いに過ぎない。これを悟ることが宗教であるとさえいえる。

（『美の法門』p.92-93）

ここで重要なのは「大悲」という言葉です。仏教の言葉で「無縁の大悲」という言葉があります。どういうことかというと、仏の慈愛はあらゆる無限の人々に平等に降り注ぐということです。

現代では「無縁」という概念と「大悲」という概念が、勘違いされています。「大悲」は、若松さんがおっしゃるとおり、「悲惨」というようなネガティブな意味ではありません。超越的な仏からの「慈悲」そのものです。「無縁」というのも、「無縁社会」とネガティブな意味でいわれるけれども、本来はまったくポジティブな意味です。これは「縁が無い」のではなくて「無限の縁」ということです。

網野《あみの》善彦（一九二八―二〇〇四）は『無縁・公界・楽』という本を書きました。彼は地縁や血縁のなかでがんじがらめになって苦しんでいた人たちが、お寺のような空間に行くと、限定された縁から解放されるといいます。そこは、「無限の縁」とつながる場所です。網野はこれを「中世的アジール」と捉えました。つまり、現代とは異なる「自由」が、中世にも存在したということです。

仏教のもっとも重要な観念の一つは「縁」です。この縁の働きによって「私」は変化し続けながら、「私という現象」を生きています。私が私であることは、縁の力によって構成されています。

「無縁」というのは、限定された「有縁」を超えた「無限の縁」の中に自己を置くことです。そうすることによって、私は世界に開かれ、新しい可能性の中に生きます。そして、「無縁」に開かれた私は、仏の「大悲」に包まれます。

柳はここで「絆」という言葉を、ネガティブに使っています。「絆」というのは、もともと「家畜を縛《しば》っておく縄《なわ》」のことです。「絆」は強いつながりを結んだ重要な関係ですが、一方ではとっても息苦しい。どうしても同調圧力のようなものが働きます。「地縁」や「血縁」の関係、しがらみの世界です。

震災以降、「絆」の重要性が繰り返し唱えられていますが、私は「絆」だけだと、どこかで行きづまってしまうのではないかと思っています。もちろん「絆」は大切ですが、「縁」の概念を生かしたほうがいいのではないかと思います。「無縁のすすめ」ですね。

N 大本の問題

民と宗教というときに考えなければならないのが、大本《おおもと》の問題です。民を無謬《むびゅう》の存在と捉えることにもやはり問題があります。それは大本の歩みをみると見えてきます。

大本の開祖は出口なお（一八三七―一九一八）です。彼女が突然神がかり、「お筆先《ふでさき》」として神の言葉を書き記したところから、この宗教はスタートします。なおの「お筆先」は民衆が近代と出会ったときの苦悩の先にあります。なおは毎日のように山道を歩いて、隣の町までボロ買いに出かけます。彼女はもともと糸紡ぎの仕事をしていたのですが、これが機械にとって代わられ仕事を失います。彼女はやむなくボロ買いに出るのですが、これが大変なのです。一度、なおが歩いた山道を辿《たど》ってみたことがあるのですが、とても険しい山道の連続です。雪のときには、足を滑らせて何メートルも下に落ちたことがあるそうです。そんなところを歩き続け、体がボロボロになった末、突然、神の声が下りてきます。

この「お筆先」は話題になり、彼女のまわりには信者がつくようになりました。京都の田舎の貧しい民衆が大半です。そこに出口王仁三郎《おにさぶろう》（一八七一―一九四八）が加わることで、大本の教えが体系化されていきます。大本は「立て替え」「立て直し」を唱え、「獣《けもの》の世」から「弥勒《みろく》の世」への社会変革を訴えました。

彼らは記紀神話（『古事記』と『日本書紀』）を読み替え、スサノオを重視します。大本は国体を流用しながら、自分たちの独自世界を構築し、民衆の広範な支持を得ます。大正期には信者数がみるみる拡大し、一大勢力になりました。

そんな大本を恐れたのが権力です。なにせ記紀神話を流用しながら変革を求めるわけですから、権力にとっては政府転覆を図る革命勢力にほかならなかったのでしょう。一九二一年に、大本は徹底的に弾圧されました。

そのあとです。大本は一九三四年に「昭和神聖会」を結成し、天皇機関説◆への激しい攻撃などを始めました。国家権力の意思に追随していったのです。この団体は大きな力をもち、多くの民衆を動員する右翼運動として拡大しました。のちに再び大本は弾圧されるのですが、民衆世界が極端な国家主義と連動する危うさがここに見られます。

近代は民衆世界のトポスを奪い、社会を流動化させました。多くの人が有機的なつながりを失い、都市社会の中で貧困にあえいだとき、付和雷同《ふわらいどう》しやすい大衆化が進んだ。大本が貧困層に拡大した背景には、社会の流動化と大衆化があったのだろうと思います。この点も、柳と同時代の民衆世界の問題として見ておかなければなりません。

一方で、大本の中に豊かな宗教世界があることも事実です。王仁三郎の芸術などは、はっとさせられるものが多くあります。彼の色は、計らいを超えたところに現れる色ですね。彼は茶碗をつくっているとき、自らが芸術の「器」になっています。彼の中を色が通り過ぎていく。彼が色をつくるのではなく、彼が作用することで、色が現前する。そんな美の世界を、王仁三郎は生きたのだろうと思います。柳の美の議論に接近する普遍的な宗教的価値が、そこにはあると思います。

無と彼方

念仏は、「無観」がよい、阿弥陀仏が見えたりするよりも、見ないほうがよいと柳は言います。

称名は無観でありたい。無観たるべきなのである。有観ならば、まだ至純な称名とはいえぬ。称名にはどこまでも純他力の性質がなければならぬ。称名とはわれを棄《す》て去って、仏に一切を任せきることである。

（『南無阿弥陀仏』p.109）

見仏という経験がある。念仏の篤信家《とくしんか》になると、阿弥陀仏の衣服が揺れ動くさま、袂《たもと》の文様もはっきり見ることができるといいます。私は、そうした人を知ってもいます。柳はこうした

◆

天皇機関説　大日本帝国憲法の解釈をめぐる一学説で、天皇は法人としての国家を代表し、憲法の条規にしたがって統治の権能を行使する最高機関であると規定する考え方

ないというのです。

神秘体験を否定しているのではありません。しかし、それと念仏の深化は必ずしも連動していなく、

「私」が何かを見る、という地平を超えていかなくてはならない、「私」が何かを見るのではなく、何ものかによって「私」が充《み》たされるのが念仏だと柳はいうのです。

このとき「無」と呼ぶものを「彼方」と読み替えてみると違ったところから柳の言葉を感じることができるかもしれません。無観とは、阿弥陀仏が見えないほうがいいということではな彼方が大事であるということです。念仏を経て、すでに彼方の世界に生きているのに、それ以前の現象にとらわれるのか、というのです。

美と政治が結びつくとき、無と政治が結びつくとき、いろいろないわゆる形而上的な実在と政治的なものが結びつくときに彼方性を無視すると、とんでもないことになる。化物《ばけもの》ができあがってしまう。

第四章の『近代の超克』の問題としても出てきますが、あの場で語られた「無」には彼方性が薄い。中島さんが再三指摘しているように、逆にこの世界に虚無的な「無」の世界を引っ張り込む恐しさがある。人間は、手に余るものを預けられているという自覚を忘れてはならない。

このことに関連して、この数年、「民」という問題をずっと考えています。

今日の政治的言語としての「民衆」と柳がいう「民衆」には決定的な差異がある。前者はいわば水平軸で、後者は垂直軸です。そして垂直軸の民が芸術として立ち現れているというのが

柳のいう民藝です。そこには死者が含まれています。民の問題というのを、近代の社会科学は忘れてしまっています。先ほど話に出た大本教——大本、といったほうがよいかもしれません——にしても、柳の民藝運動にしても、「民」の問題です。「民」である生者はいつも死者とともにいる。

大本があれほどの力をもったのもそこに大きな理由がある。死者は「生きている」というのは大本の基本的な教理だった。大本を時代的抑圧からの解放であると読み解いているだけでは見えてこない何かがある。大本が生まれてくる予兆と必然が、あの時代の日本宗教界にはあった。宗教が、死者との関係をおろそかにし始めたのです。

震災後の日本で求められているのは、本当の意味での「民」の力だと思います。民の力が本当に出てくると世の中は変わりますし、むしろ、それでしか変わりません。しかし、そのためにはどうしても「民」の哲学が出てこなくてはならない。「民」の力をコトバでつなぎとめる働きがなくてはならない。私はそれを模索しているということを、柳の言葉にふれることであらためて自覚したのです。

美と宗教、そして政治

「美の一宗が建てられてよい」

『美の法門』の表題作となった文章は、一九四八年十一月に、第二回民藝協会大会で行われた講演がもとになっています。そのはじめに柳は、次のように語っています。

「大無量寿経」、六八《ろくはち》の大願、第四に曰《い》う、
設我得仏　設《たと》い我仏《われほとけ》を得んに
国中人天　国の中の人天《にんてん》
形色不同　形色《ぎょうしき》不同にして
有好醜者　好醜《こうしゅ》有らば
不取正覚　正覚《しょうがく》を取らじ

この一言があるからには、これによって美の一宗が建てられてよい。意味は「もし私が仏にな

る時、私の国の人たちの形や色が同じでなく、好《よ》き者と醜き者とがあるなら、私は仏にはなりませぬ」というのである。このことは更《さら》に次のことを意味する。「仏の国においては美と醜との二がないのである」と。

『美の法門』p.89）

「この一言があるからには、これによって美の一宗が建てられてよい」とはとても烈《はげ》しい、しかし、決意に満ちた言葉です。柳は新しい宗教をつくろうとしたのではありません。ここでの「宗」とは道ということです。今、美を奉じる新しい道が求められていると柳はいうのです。

真善美のなかで柳は、ことに美を貴ぶ。論理にあまりに重きを置くようになってしまった近代においては、美こそがどんな状況にある人にも、常に等しく働きかける可能性を有していると彼は考えた。

真が哲学によって、善が宗教によって、美が芸術によって表現されるとします。現代で哲学は本当に真理を顕現させているでしょうか。哲学者と称する人々は、彼らが「哲学」と称する論理の楼閣《ろうかく》に籠《こも》って、そこで語られていることこそが真理だと語っているように感じられることがあります。真理は、いつ誰の前でも真理でなくてはならないのに、「哲学」を勉強した人にだけ真理がわかるかのような、そんな口ぶりが蔓延《まんえん》しているように思われます。誤解を恐れずにいえば、「哲学」を勉強することは、本当に真理に接近することになりえているのか、現代はもう一度真摯《しんし》に考えなくてはならないところに来ているのではないでしょうか。

宗教においても問題は同じです。ここでの善とは、個と他者を情愛によって結びつける働きをいいますが、現代の宗教がそれを本当に実現しているかは、よく考えてみなくてはなりません。宗派の差異と「宗教」の原意にふれ、柳はこう書いています。

自己の信ずる宗派を、絶対のものと考えることには必然さがあろう。それだけの真剣さこそあってよい。しかしそれは同時に他の人にとっての他の宗派が、また絶対だということをも意味するであろう。それ故自己の道を固く守ることにおいては正しいが、それが他の道を否むことになるなら誤りに落ちよう。宗派の宣揚《せんよう》には利己心が伴ってはならない。独善に妨げられてはならない。自己の一道に徹することにおいて、人間はその深さを加える。だが他の道を誹《そし》ることにおいては、己れを浅くする。否、浅ましくし愚かにする。宗教は心を無碍《むげ》にする一道ではないか。

（『南無阿弥陀仏』p.220-221）

どの宗教も自分の宗派を信仰する者が救われる、といいます。そこまではよい。しかし、信じない者はどうなるのでしょうか。信じることができない人々の救済を願うことこそ善ではないでしょうか。私はカトリックですが、カトリックが本当の意味で「普遍《カトリック》」であろうとするなら、自分たちの救済だけではなく、自分たちとは異なることを信じている人々の救いを願わなくてはならない。自分たちだけが救われて、他の人々は業火《ごうか》のなかにあるのを黙って見ている。

そんなことをできる人間がはたして善を体現しているといえるのか。自分たちだけが救われる信仰など、柳の定義にしたがえば「価値」を表現しているとは考えられない。

現代では真も善も、いたく脆《もろ》い。現代においては、美がもっとも力強く民衆を救いえるのだと柳は信じていた。柳がいう「美」とは、美醜を超えた、美醜の彼方の「美」です。これは美しい、これは美しくない、という相対的なものではありません。

真といったときには、自分は正しい、しかし、相手は間違っている、ということになる。善といったときには、自分の行いは善いが相手は悪いということになる。ただ、この花は美しいといったとき、それは争いを生みません。自分は美しいと思わなかったとしても、それを否定するようなことはなかなか起こらない。さらにいえば真と善は論議を生むが、美はしばしば沈黙を生む。柳は美に言語を超えた精神の働きを惹《ひ》き起こす力を感じてもいます。論議の彼方に一致することは難しい。しかし、沈黙することによって人は、彼方での対話を実現することができるというのです。

『南無阿弥陀仏』と『美の法門』の両方で柳が語るのは、無名性、名がなくなるということです。人間が、自分の力で何かをしようというところから離れなければ美は顕わにはならない。逆にいえば、その計らいからさえ離れることができれば、美は自ずと顕われるというのです。人間がつくるから美が失われていく。仏がつくった美の通路になりきることによって、美は自ずから顕われるのだ、ということが柳の美の形而上学《けいじじょうがく》の根幹だと思います。

N 日本のすごい部分であり弱い部分

片田舎に住む無学な人々の中に、極めて篤《あつ》く安心を得ている人々がある。特に念仏宗の中にそういう有難い信者が現れてくる。彼らを尊んで「妙好人《みょうこうにん》」という。考えると美しい民藝品は、「妙好品」とも呼ぶべきものではないか。

（『南無阿弥陀仏』p.41）

柳の考えは、親鸞をはじめとした浄土門の凡夫という考え方とつながり、民衆世界の中で生きた「妙好人」が、重要な意味をもちます。妙好人が「美しくしようとする計らいを超え」てつくる「民藝品」こそが「凡夫の成仏の実証である」といいます。ここに美しくしようという計らいによってつくられる「芸術品」よりも、真の美に接近した「妙好品」が見出されます。一呼吸一呼吸が「南無阿弥陀仏」であるような、他力の世界。無の境地ですね。そうなると、美醜を超えた世界に到達する。造作を超えた「無造作」が世界を包む。美醜の二相を超えた不《ふ》二一元《にいちげん》に到達する。

「如」はまた「一」である。「一」はまた「不二《ふに》」ともいう。それ故美にも醜にも属しないものであるし、また醜を棄《す》てることで選ばれる美でもないのである。いわば醜に向い合わぬ不二の美、美それ自らとでもいうべきものである。かかる美が美醜の範疇《はんちゅう》に属していないことは自明である。醜でない美というが如きものは高が知れている。そんなものが真に美しいものであるはずはない。美しさもまた迷いに過ぎない、それが醜さに対する限りは。拙もまた救いから離れない、それが巧《たくみ》に向い合わぬ限りは。普通に常識がいう美しさは、美醜が二つに分れて已後《いご》のものである。だが二つに未だ分れない已前《いぜん》の美をこそ訪《たず》ねねばならない。

『美の法門』p.95)

このような一元的な世界観はきわめて重要です。ただしそれは多元主義◆的な一元論◆でなければなりません。でないと、個別的な差異が抹消《まっしょう》され、多様性が抑圧されてしまうからです。これが、私がずっとこだわっているポイントです。ホリスティックなものがトータルなものへと回収される。多一論◆的な有機体論◆が、全体主義◆に転換される。戦前期の東洋的宗教思想が陥っ

◆

多元主義　多様性を容認・肯定する立場
一元論　世界や事物の多様な現象を、ただ一つの根本的な原理から統一的に説明しようとする考え方
多一論　真理は絶対的で唯一のものであるが、地球世界におけるその現れ方は、各宗教や思想によってそれぞれ異なるという考え方
有機体論　社会を一個の生物のようなものと見なし、それぞれの与えられた場所で役割を果たし合うことで、全体が成立しているとする考え方
全体主義　個に対する全体の優位を徹底的に追求しようとする思想・体制

た罠《わな》で、京都学派◆も部分的に足を突っ込んでしまいました。

日本は言語的・文化的な連続性が強いため、美や言葉によって宗教的なものが共有されやすい特徴をもっています。芭蕉《ばしょう》（一六四四―一六九四）が「よく見れば薺《なずな》花咲く垣根かな」と詠むと、そこに宇宙が現れる。西行《さいぎょう》（一一一八―一一九〇）が美しい風景を和歌に詠むと、そこに宗教的感性が共有される。柳にとって、それは木喰《もくじき》（一七一八―一八一〇）の仏像だったのかもしれません。しかし、これはときに垂直的な超越の視点を忘却させてしまいます。「日本人だったら、この感じ、わかるだろう」と水平的な感性に還元されてしまう。こうなると相対的な存在が、絶対視されてしまう。

日本の右翼は、しばしば天皇を「太陽」にたとえ、国民を「大地」にたとえました。太陽は国民に平等に日光を降り注ぐ。この日光が天皇の大御心《おおみごころ》です。この状態が成立していると、国民は何も計らう必要がありません。国学では計らいは「唐意《からごころ》」とされ、「やまとこころ」は大御心に随順することとされました。国民は大御心に包まれ、神のまにまに生きればよい。和歌を詠《うた》って生きていればよい。心と心の隔たりはなくなり、民族共同体は理想状態に置かれる。『原理日本』を発行していた蓑田胸喜《みのだむねき》（一八九四―一九四六）という国家主義者は、この状態のことを「中今《なかいま》」と言いました。日本には国体が存在するのだから、余計な計らいを捨て去れば永遠の今の中に生きることができるというのです。実際、蓑田は熱烈な親鸞の信仰者でした。

つまり一元的な世界が現前するという思想は、極端なユートピア思想と結びつき、差異を抑圧し圧してしまう。これが怖いのです。

柳が一遍を評価するのはよくわかる。踊り念仏でこの世界を浄土にしてしまおうという感覚はよくわかる。けれども、浄土にならない我々の世界というのを見つめる視点も重要です。常に肯定と否定の絶対矛盾の中に生きなければならない。一遍の世界観を政治化すると、やはり危ない。アナーキズム◆的ユートピアとファシズム◆が融合したようなものが生まれてしまいます。

もちろん柳は、そのような危険性を見通しています。


「即」に成仏があるのである。「即」を離れては往生はないのである。「即」が往生するのである。浄土門でいう六字の名号も、偏《ひと》えに「即」を凡夫に握らせたいためである。名号が衆生《しゅじょう》と仏とを不二ならしめ、娑婆《しゃば》を寂光《じゃっこう》に即せしめるのである。だが「即」と「同」とをゆめゆめ同じだと受取ってはならない。どうして人と仏とが同じであり得よう。だが同じであり得

◆
京都学派　西洋哲学と東洋思想の融合を目指し、東洋でありながら西洋化した日本で、ただ西洋哲学を受け入れるだけではなくそれといかに内面で折り合うことができるかを模索した。主なメンバーとして、西田幾多郎、田辺元、波多野精一、和辻哲郎、三木清、西谷啓治、久松真一、武内義範、上田閑照らがあげられる
アナーキズム　人間関係の行いにおいて、権力や権威を減少させ、さらには廃止させようとする立場
ファシズム　イタリア・ムッソリーニの政治運動に端を発する全体主義的な政治形態

ない不幸のままに、人が仏に結ばれる幸を説くのが「即」の教えである。

『美の法門』p.109-110）

これは重要な言葉です。「即」と「同」は違う。人は仏ではない。けれども人間は不完全性を抱えながら仏に結ばれる。柳はこの視点をもっていたからこそ、八紘一宇《はっこういちう》◆のユートピア幻想に対峙《たいじ》できた。人間は不完全だからこそ、仏の計らいによって救われるのです。人間が人間の意志によって世界をユートピア化することなんてできるわけがない。

N 柳宗悦は保守思想家である

凡ての人間は現世にいる限りは誤謬《ごびゅう》だらけなのである。完全であることは出来ないし、また矛盾から逃《のが》れることも出来ない。しかしそれは本来の面目ではないはずである。元来は無謬《むびゅう》なのである。ここで無謬というのは完全であるという意味ではなく、不完全なままに謬《あやま》りのない世界に受取られることをいうのである。だから誤謬のままで無謬になるのである。誤謬を取り去って無謬になるというようなことは人間には出来ない。だが有難くも誰が何をいつどう作ろうと、本来は凡て美しくなるように出来ているのである。秀《ひい》でた者は秀でたままに、劣る者は劣るままに、何を描きどう刻もうと、凡ては美しさに受取られるように仕組まれているのである。仏が正覚《しょうがく》を取ったということは、この真理の確認なのである。

（『美の法門』p.98）

そこで私が重要だと思うのが、保守思想の視点です。保守と仏教を結びつけることが、私にとっては重要な課題になってきます。

戦後日本を代表する保守思想家に、福田恆存《つねあり》（一九一二—一九九四）がいます。彼は「この世界は絶対的なものにはならない。なぜならば我々が絶対者ではないからだ」といいます。彼は絶対者の領域と、不完全な人間によって構成される世界の二元性を強調しました。「一匹と九十九匹と」では、政治と文学の位相の違いを説いた。政治によって人間の内的苦悩は解決できない。文学の領域に属することを政治によって解決しようとすると、危険な権力が発動される。福田はこの発想から、心と心が透明につながったユートピアへの志向性を拒絶します。

保守の論理では、不完全な人間がつくる世界は過去も現在も未来も、永遠に不完全です。人間の理性には決定的な誤謬が存在し、能力には限界が存在します。だから、個別的な裸の理性に依拠するのではなく、歴史の風雪に耐えてきた経験的集合知や常識、伝統に依拠しながら、

◆八紘一宇　道義的に天下を一つの家のように統一するという考え

漸進《ぜんしん》的に改革していく姿勢が重視されます。
福田の場合、二元論◆が強調されますが、この議論も究極的には多元主義的一元論に帰結すると思っています。そうでなければ相対主義◆に陥ってしまうからです。相対主義の立場では、多元的な差異を認めようとします。しかし、異なる宗教の他者と同じ真理を共有しているとは考えない。メタレベルの一元性を認めない。相対主義的多元主義と多元主義的一元論は大きく異なります。
柳は、この点を深いレベルで理解していました。だから、繰り返し多一論を展開します。

念仏門はどこが他の宗門と違うのであろうか。例えば禅宗とどこが異るのか。所詮《しょせん》は道筋の違いだということが分る。だが一直線を描いて、一方は東に一方は西にというのではない。実は円を描いて、一点から一方は東に一方は西に向うというに過ぎない（中略）あるいは円錐形《えんすいけい》を心に描いて、一方は右下より一方は左下より、上に登ると見てもよい。

（『南無阿弥陀仏』p.112）

二道は、同じ山を一つは右から登り、一つは左から登るのと同じ意味がありはしまいか。人々の性情により境遇により、いずれかを選ぶに至るまでではないのか。

（同右 p.213）

そして、この多一論的な認識をもったうえで、誤謬を抱えた人間が無謬の真理に抱きかかえられると説くのです。民衆の集合的経験知を重視し、伝統の中に叡知を見出す。福田と同様に、職人の世界に美を見出す。私は柳こそ、近代日本を代表する保守思想家の一人ではないかと思っています。

小文字の政治を取り戻す

かつて一途《いちず》に宗教的真理を追っていた私が、中途にして美の問題に触れ、特に工藝を対象とし、更に民藝館の設立に心を注いだ時、幾人かの人々から、何故宗教の世界を去って、形而下《けいじか》の問題を対象に、日夜を送るのかと云って詰《なじ》られたことがある。この問いは一再《いっさい》ならず私に加えられた。早く再び宗教の問題に戻ってはどうかという忠告である。（近頃《ちかごろ》私を知った人々は、逆にかつて私が宗教に心を寄せたことに奇異な想いを抱くのである。）しかし私として見れば、一つの頂きを異

◆

二元論　世界や事物の多様な現象を、背反する二つの根本的な原理や基本的要素から構成されるとする考え方。たとえば、原理としては善と悪、要素としては精神と物体など

相対主義　人間の認識や評価はすべて相対的なものであると見なし、絶対的・普遍的な価値を認めない立場

る面から見つめていたのであって、「実は同じ仕事をしているのである」と答えるより致方《いたしかた》なかったのである。信論と美論とを結ぶということは、何も奇怪なことではない。むしろその濃い血縁について、世人は識《し》るところが遅過《おそす》ぎるのである。

『美の法門』p.113)

邑久光明園《おくこうみょうえん》という、ハンセン病の元患者さんたちの病院でこんな経験をしました。彼らとしゃべっていると、多くの人が訪問販売に騙《だま》されているというのです。政府と和解をしたので和解金が入った。元患者さんたちは、断種をさせられていたり、家族と縁を切られていたりするので、遺産を渡す相手がいない。高齢の方ばかりで、今さら施設を出ることも難しいので、家を買うわけでもない。だから、お金を持て余してしまうそうです。そこにつけ込んで、妙な訪問販売の人間がやってくる。高価なものを買わせる。元患者さんたちは、騙されているとわかっているのです。けれども、話をする相手になってくれるから、わかっていて騙される。私は話を聞いていて切なくなりました。

私が少しですが関わったのは、彼ら・彼女らが勝ち取った和解金の一部を、インドで今ハンセン病に苦しんでいる子どもたちに届けるというプロジェクトです。ムンバイのハンセン病プロジェクトと提携して、子どもたちを援助する。日本でハンセン病に苦しんだ元患者が、自分たちで勝ち取った成果で、今ハンセン病で苦しんでいる人たちを支える。私はこういうところに、真の政治というものが存在すると思いました。政府と裁判闘争で和解したから終わりではない。その先に小さな政治が存在する。柳が取り組んだ政治は、このようなものだったのではないかと思います。

柳は一九一九年に朝鮮で三・一独立運動が起きたとき、この独立運動を擁護《ようご》します。そして、日本の植民地支配を果敢《かかん》に非難し、朝鮮独立を支持します。私が柳を信頼できると思うのは、この先です。彼は妻とともに実際に朝鮮に渡り、音楽会を開催します。そこで「情愛と敬念のしるし」を示し、収入は朝鮮の文化事業に提供した。彼は大言壮語《たいげんそうご》をするのではなく、具体的な小さな政治を信じた人です。そして、そこに祈りや信仰が存在した。彼にとって宗教を追求することと、政治を追求することは同根の存在なのです。

柳が晩年、昭和十年代に民藝館をつくるときに、「なんでそんなことをしているのか、哲学的な方向を極めるのがあなたの仕事ではないのか」と言われます。それに対して柳は、いやいや違う、民藝館をつくることと宗教的論理を追求することは自分にとっては同じことで、別の側面なのだと言います。

私はそのとおりだと思います。それは大文字の世界共同体をつくる、ということではなくて、民藝館をつくることだった。その小文字の政治を、取り戻したいと思っています。

個であることと伝統

W 個であるということ

小文字の政治という表現はじつによい言葉ですね。おっしゃるとおりだと思います。英語圏の人々が最近、「私」を意味する〝I〟を小文字で〝i〟と書くようになってきたのも似た現象かもしれません。

お話をうかがいながら水俣のことを思い出しました。政府は一定の解決はできたとしたいようですが、水俣問題は課題を多く抱えたまま、今日に至っています。

賠償金はいらない、もとの身体を返せ、と人々は叫び続けます。患者とその家族は、究極は魂の尊厳の問題なのだと語ります。これは補償を受け取ることとまったく矛盾しません。補償には還元しえない問題がある、というのです。

先ほど中島さんが語られたように、このことはハンセン病問題をも貫いています。群馬県草津の栗生楽泉園《くりうらくせんえん》に長く暮らした、詩人でもあり、ハンセン病運動の指導者でもあった谺《こだま》雄二さん（一九三二―二〇一四）が、自分たちの問題の根本は「いのちの証」を取り戻すことだったと語っています。社会運動の現場で「人権」と叫ばれる言葉を、私たちは個々の心のなかで「いのち」という言葉に置き換えなくてはならない。しかし、水俣病でもハンセン病でも国は、事をお金で解決しようとしました。そこには今も、埋めることのできない溝がある。

二〇一二年に原田正純《まさずみ》さん（一九三四―二〇一二）という、水俣病患者に長く寄り添った医師が亡くなりました。彼は同志と「水俣学」という言葉をつくった。水俣病事件から明らかになったことはもはや、個的な「論」、私論の積み重ねであるだけでなく、次の時代を切り開く「学」になったというのです。

たとえば石牟礼《いしむれ》道子（一九二七―）や渡辺京二（一九三〇―）といった文学者だけでなく、緒方正人《まさと》（一九五三―）や川本輝夫（一九三一―一九九九）といった実践家や思想家も水俣運動から出た。杉本栄子（一九三八―二〇〇八）のような語り部もいた。それはもはや彼ら個々の意見ではなく、積極的な意味での「学」、すなわち叡知の流れになろうとしています。こうしたことが震災以後の日本にはまだできていないことが、喫緊《きっきん》の大きな問題としてある、と思っています。

水俣の場合、「学」が、人間の尊厳もしくは魂を基盤にしながら始まっている。また、そこには死者の問題がさまざまなかたちで語られている。さらに、過去と今だけでなく、来《きた》るべき時代の問題が「共時的」に、すなわち今の出来事として語られている。震災後の原発の問題を訴えている人々、ときに幼い子どもをもった親たちが訴えているのも、現在の自分たちの権利であるより、子どもたちの問題であることは、もっとはっきりと語られてよいと思います。

宗教が社会問題に参与することは重要なことかもしれません。しかし、それは個々の魂に寄り添うためにである、という前提がなければならない。ここに現代の宗教が抱える大きな問題が横たわっているのではないでしょうか。宗教のあり方に対して柳は、厳しい言葉を残しています。

彼はために、同じ罪に泣くもろもろの人々の友となろうとしたのである。彼は在家の信徒の一人として立つことに新しい意義を感じた。それ故後代真宗に寺僧が現れたのはおかしい。寺を持つ僧として妻をめとるのは、親鸞の道ではあるまい。非僧非俗《ひそうひぞく》と、僧而俗《そうじぞく》とは異るのである。だから宗祖の道を踏む限りは、真宗が寺院を持つことにはもともと矛盾があろう。ただ道場でよく、その場主は在家の者でよい。ここにこそ真宗の面目があるはずである。今の法主の如く、真宗僧の如く、寺を持ち僧を名のって、妻帯するのは、親鸞の意志にそむくであろう。誠に非僧非俗ということが、新しい一宗の骨髄なのである。

（『南無阿弥陀仏』p.226-227）

この一節は、寺が不要だというよりも、僧に寺を出よというのです。

そうした活動を実践する人々はいます。そうした志をもつ宗教者が、ここで柳が批判している真宗から、もっともたくましく輩出されているのは喜ばしいことだと思います。中島さんはそうした新しい宗教のかたちを模索する若い僧たちとの交わりを深めていらっしゃいます。私も、宗派どころか宗教が異なるのですが、そうした人々との出会いをとても心強く思っています。しかし、それでもなお、この一節を今再び読み、考えてみたいのは、問題は究極的には個において顕われるという柳の指摘です。個であることが他との結びつきを生むという不思議を柳は語っています。

光化門《こうかもん》という、韓国の王宮を飾るとても美しい大きな門がありますが、日韓併合時の日本はそれを壊そうとした。そのときに敢然と異を唱えたのは柳宗悦でした。「失なわれゆく朝鮮建築のために」と題する一文を書き、柳は国家と正面から対抗した。このときの発言は、字義どおり命がけだったといってよいと思うのです。しかし、彼はこれを一個の発言者として始めた。彼は一個で戦って光化門を守り、韓国の文化、民藝の結晶を守った。

平和運動家としての柳を考えるとき、思い浮かぶのはやはりガンディー（一八六九―一九四八）です。ガンディーもまた、衆愚《しゅうぐ》になることを絶対に許さなかった。非暴力は個によって生まれ、実践され、他者との結束を生むことをガンディーは知っている。事実、その結束を破砕するには一つの暴力で十分なわけです。さらにいえば、キリストもそうだったと思います。イエス（紀元前四年頃―紀元後二八年）は最後まで個でしたし、教会をつくりませんでした。

N 「一人」という単独性と「伝統」という共同性

「一人」という問題ですね。ガンディーもやはり「ウォーク・アローン」と言いました。ガンディーほど他者との共同性を重視した人はいません。彼はインドの伝統的な共同性に回帰せよといいました。自分は顔の見える範囲で奉仕することができるのであって、具体的な人間のフェイス・トゥ・フェイスの関係性とそこでの相互扶助の世界を重視しました。なのに彼は一人で歩めと言います。そして、それはまったく矛盾していません。

親鸞が『歎異抄《たんにしょう》』の中で唯円《ゆいえん》（一二二二―一二八九）に対して「弥陀《みだ》の五劫思惟《ごこうしゆい》の願をよくよく案ずれば、ひとえに親鸞一人がためなりけり」というのも同じです。親鸞ほど民衆と一緒に歩もうとした人はいない。非僧非俗という立場をとりながら、寺に籠らず、農民の苦しみに寄り添った。その親鸞が「親鸞一人」というわけです。

> 誠に「独一なる名号」であるから、各号の一人舞台なのである。他力門の信心とは、それにほれぼれと見入り、吾《わ》れを忘れる姿をこそ指すのである。だから信心には自己は残らぬ。「吾れ信ず」というような言葉は他力の境にはない。「仏が仏を信じる」とでもいおうか。一遍上人の念仏門は、「吾れ一人がため」というその「吾れ一人」すら洗い尽くしてしまったのである。
>
> （『南無阿弥陀仏』p.176）

柳はここからさらに踏み込んでいきます。名号が往生になるとしたら、念仏を唱える主体性も消滅するのではないかといいます。そして、その究極の姿を一遍に見出します。一遍の踊り念仏では、自己の存在自体が洗い尽くされるからです。

我の非在の瞬間は、一遍にとって絶対者との出会いの瞬間でもあります。そこには絶対的な「空」が存在します。そして、その「空」の中に、絶対者が存在します。一遍はそこに溶け込みます。「吾れ一人」が消え、仏即我となるのです。

これは、「一人」の否定ではありません。本当の我は、計らいを超えた我です。だから「我なし、故に我あり」です。柳はこの宗教思想を、アジアの中で位置づけようとしていました。

伝統は一人立ちが出来ない者を助けてくれる。それは大きな安全な船にも等しい。そのお蔭で小さな人間も大きな海原《うなばら》を乗り切ることが出来る。伝統は個人の脆《もろ》さを救ってくれる。実にこの世の多くの美しいものが、美しくなる力なくして成ったことを想い起さねばならない。かかる場合、救いは人々自らの資格に依《よ》ったのではない。彼等以上のものが仕事をしているのである。そこに匿《かく》れた仏の計らいがあるのである。

『美の法門』p.106）

一方で柳は「一人」は弱いと考えています。一人はなかなか一人立ちできない。個人は脆い存在です。そこで重要になるのが伝統です。伝統は「大きな安全な船」だと言います。そして、死者たちの積み重ねによって構成された伝統には、「仏の計らい」が隠されていると言います。個人の理性を超えた形而上学的価値が、伝統には潜《ひそ》んでいるというのです。

この考え方は、やはり保守思想家たちと通底しています。福田恆存と柳宗悦は近いところに立っていたと思います。

Ⅳ「読む」という創造の営み

言説のうえでは容易に相容《あいい》れない福田恆存と柳宗悦が精神の次元において近いというのは、福田が芝居をやっていたことも関係していると思います。役者は、個の彼方にあって、演じられるもののツールになる。ドラマの通路になる。高次の意味における、「もの」です。「もの」には無私の美が宿っている。福田は、この美の働きを、批評とは別のダイナミックなかたちで表現してみたいと思い、戯曲を書き、仲間と劇団をつくり、劇場までつくり、美が顕現する場を準備した。柳が日本民藝館をつくったのも根源的に同質の営みです。

芝居において、観客が「見る」ということは絶対的な役割です。どんな名優も演じながら見ることはできない。これは文学作品における「読む」と「書く」関係にもいえます。「読む」ことは本当に重要で、読まれることで書物ははじめて現れ、完成に近づいていく。「読む」ことは

「書く」ことに劣らない創造的な営みです。

「読む」とは、二度と繰り返すことのできない出来事であることもまた、現代は忘れがちです。昨日読んだ言葉が、今日見つからないこともある。今日の「私」と明日の「私」は違う以上、読まれる文字は同じでも、感じうる意味は違います。書かれている言語は同じでも、書物が語りかけてくるコトバは毎瞬、変化する。人は同じコトバを二度読むことはできない。しかし、だからこそ創造的だともいえる。作品は文字として本の中にあるのではなく、読まれることで魂の中で生まれる。

考えてみれば当たり前なことですが、収拾がつかなくなるので、学校教育ではこうした出来事がなるべく起こらないようにする。でも、一〇〇〇人がドストエフスキー(一八二一―一八八一)の『罪と罰』を読む。すると一〇〇〇の異なる『罪と罰』がこの世界に顕われる。それが現実なのではないでしょうか。こうした多様な「読み」を生む作品を私たちは、古典と呼んでいるように感じられます。柳の『南無阿弥陀仏』もそうした古典の一冊です。

「読む」力がなくなったのは、物理的に書かなくなったからだと思います。読むという行為は書くことで完成する。そしてもう一つ、今日の世界が回復しないといけないのは、書くことと発表することは、根源的には関係ないということです。発表されなくても、書いたものは出来事たりえる。不可視な隣人たちがそれを読むからです。柳が愛した詩人ウィリアム・ブレイク(一七五七―一八二七)は詩も書きましたが、絵もよく描きました。しかし、彼は描いた絵を人に見せようとしないことがあった。友人はどうして世に出さないのかと問う。するとブレイクは、自分は天使に向かって描いている、彼らが見てくれればそれで十分だと言ったというのです。『南無阿弥陀仏』の最初の部分で柳は、一遍との邂逅《かいこう》の契機にふれ、次のように述べています。

上人を知りそめたのは書物を通してではない。また時宗の人々と交りがあったからでもない。更にまた上人についての教えを聴聞したからに由《よ》るのでもない。全く一枚の絵に見入ったことが縁となった。後に詳しく知ったが、それは京都六条の歓喜光寺《かんぎこうじ》に伝わる『一遍聖絵《いっぺんひじりえ》』(六条縁起《えんぎ》)であった。(中略)それも原画を見たというのではなく、貧しい網版の複製によるのである。

『南無阿弥陀仏』p.47-48)

自分が一遍に導かれ、「南無阿弥陀仏」の世界に入ったのは、教学によってではなくて、一遍の絵伝を見たからだった。それも現物ではなく銅版にすられた複製を見てこの道に入ったのだと書いています。知ではなく一枚の絵によって動かされたことを告白する。

これを読んだとき、柳の心の奥にふれたような気がしました。彼にとって自分が見た作品が本物であるかどうかは、彼方への世界の参入という出来事に比べたらまったく二義的な問題だったというのです。

『南無阿弥陀仏』はけっして大部の著作ではありませんが、もし、全部読むのが難しいと感じられる方がいたら、最初から第四章「阿弥陀仏」までを繰り返し読むのがよいと思います。名著というのは、どこを読んでもよいものです。全編読むのも大事ですが、あるところを繰り返し読むことに意味があり、とくに柳のこの本は、そうした読書にも十分堪《た》えうると思います。

未知なる近代

現代の私たちが近代を論じるとき、しばしば、檻《おり》の外から動物を眺めるように語ることがあります。過去の出来事をひとごとのように語る。しかし、それで何かを本当に感じることができるでしょうか。柳を批判することは簡単です。しかし、柳と向き合って話すには勇気がいる。読むということは、それを書いた者と出会い、対話する、ということです。そして、書くとは、先人の叡知に助けられながら未知の自分に出会うということです。

読むと書くということが十分に行われなくなると、人は考えることを止めてしまう。人から与えられたことを受け容《い》れるか受け容れないかを判断するだけになる。それが何であるかを見極めようとはしなくなってしまう。テレビや新聞で語られていることをすべて真実だと思い、その情報の上に貧しい「自分」の見方を打ち立てることになる。「自分」で真剣に考えたことなどほとんどないのに「自分」の考えだと誤認する。現代の日本にはこうした現象が跋扈《ばっこ》しているように思えるのです。

小さな、しかし決定的な経験を掘り下げる。他者との対話のうちに掘り下げる、その地平を取り戻さなくてはならない。

植物を育てなくてはならないときに、実際に手を動かす者がいなければどうなるでしょう。まだ、芽が出たばかりだとします。水をやり、手当てをし、育てなくてはならない。しかし、その場にいるのが観察者ばかりだったらどうでしょう。見て、記録をし、感じたことは書くこともあるが、水もやらずその場に参与することがなければ、植物はほどなく枯れていくはずです。

観察者として読み、書くのではなく、いわば文化の栽培者として読み、書く。種を見ているだけでは何の「植物」かは、よくわからない。育て、ともに暮らしてみなければわからない。伝統も、歴史も同じです。人類の叡知は、個の精神と同じく、樹木的成長を遂げていくのではないでしょうか。そこにはどうしても協同する者の存在が不可欠なのです。

chapter two

第二章

近代と政治

『ガンディー
獄中からの手紙』
を読む

日常の延長にある行為を通して、政治に宗教を取り戻したガンディー。赦すこと、非暴力、積極的な受け身……私たちの政治と日常に今、必要なこと

N

ガンディーという「問い」

わたしたちの一挙手一投足《いっきょしゅいっとうそく》は、真理をめぐっておこなわれなければなりません。真理がわたしたちの生命の息吹《いぶ》きそのものでなければなりません。(p.12)

私の研究テーマの中心は、政治と宗教の関係です。近代セキュラリズム(世俗主義)◆は、政教分離の原則を掲げます。この政教分離にはさまざまなバリエーションがあり、統一された概念ではないのですが、政治の領域と宗教の領域を区分しようとする傾向は共通しています。

しかし、私には疑問があります。宗教はホリスティックな存在です。すべての世界を包む原理こそが宗教です。そんな宗教から、政治を切り離すことができるのか。そんなことをすると、宗教の全体性が喪失されてしまうではないかと思うのです。少なくともまともな宗教者であれば、宗教の全体性を否定することはできません。「政治の領域は宗教では救うことができません」なんて言ってしまうと、宗教の根本が崩壊してしまいます。

少し踏み込んでいうと、私はセキュラリズムを疑っています。究極的には、政治と宗教の分離は不可能だと思っています。ただし、特定の宗教が政治的権力を握り、他宗教に対する弾圧や改宗を迫るような政治は言語道断《ごんごどうだん》です。

政治から宗教そのものを分離せず、しかし特定の宗教の特権化や他宗教への抑圧を生まない体制を構築できるのか。これが私にとっては研究の大問題としてあります。

　前章で検討してきた柳宗悦は、このテーマを小さな政治の中で実現しようとしました。ここで議論したいのはインド独立の父・ガンディーです。ガンディーは政治と宗教を分離せず、両者の統合を目指しました。しかもそれを「歩く」「食べない」「糸紡《つむ》ぎ車を回す」といった日常行為の中で実践し、インド独立という大きな政治につなげていった政治家です。そしてそれは、多一論に基づく多宗教共存型のアプローチをとりました。ここでは、ガンディーの『獄中からの手紙』を取り上げ、議論したいと思います。

　まずこの著作が書かれた背景ですが、これは有名な塩の行進の直後に書かれています。彼は塩の行進によって獄中につながれることになり、そこから自らのアーシュラム（修行場）の人たちに向けた手紙を綴《つづ》りました。それをまとめたものが本書です。

　ヤラヴァーダー中央刑務所という刑務所に収監されるのですが、彼はこの刑務所のことを「マンディル」といいました。「マンディル」とは、お寺という意味です。「自分は刑務所にいるのではなくて、寺にいるのだ。ここに修行に来ているのだ」というのです。

　ガンディーは一九一五年に南アフリカからインドに帰ってきて、独立運動に関わりました。

◆近代セキュラリズム（世俗主義）　政策や政府機関が特定の宗教の影響から独立していなければならないという立場

彼はいくつかの労働争議などを宗教的闘争によって解決に導き、指導者としての地位を確立します。そして一九一九年に第一次非協力運動を展開し始めました。この運動は大規模な反英独立運動で、大衆を巻き込むこれまでにない独立運動でした。しかし、彼は一九二二年にその運動をやめてしまいます。

なぜやめてしまったか。一九二二年にチャウリチャウラー事件が起きたからです。チャウリチャウラーとは町の名前なのですが、その住民たちが自分たちを権力的に支配してきた警察官たちを殺してしまいます。非暴力闘争の中で、暴力沙汰《ざた》が起きたわけです。

その一報を受けたガンディーは、「ヒマラヤほどの誤算」と言いました。そして「このようなことでは独立しても意味がない」と言い出します。なぜなら、暴力によって独立を勝ち取ったとしても、それは真の独立ではない、もう一つイギリスのような国ができるだけだ、と考えたからです。自分はもう一つのイギリスをつくりたくて戦っているのではない。真の独立としてのスワラージが重要だと言います。「スワ」は「自ら」を意味し、「ラージ」は「統治」を意味します。つまり彼は真の独立を、個々人のセルフコントロール＝自己統御の確立に見出しました。

しかし、それがうまくいかない。どうしても暴力という欲望が露出してしまう。彼が第一次非協力運動から撤退したことによって、独立運動は長期の低迷を迎えます。ガンディーは獄中生活を余儀《よぎ》なくされ、巷《ちまた》ではヒンドゥーとムスリムの対立が深刻化しました。

しかし、一九二〇年代末になると新たな独立運動の兆しが現れるようになります。ネルー（一八八九―一九六四）のような若い指導者が登場し、再び大規模な独立運動の機運が高まりました。一九二九年、インド独立運動の中心組織である国民会議派は「完全独立」を目指す宣言を採択し、宗教対立を超えた国民運動を起こそうと盛り上がりました。

国民会議派の指導者たちは、ガンディーのもとに行き、再び立ち上がってほしいと懇願《こんがん》します。宗教対立を超えて国民を率いることができるのは、ガンディー以外存在しないと考えたからです。

ガンディーはその話をひととおり聞き、「自分は海岸まで歩いていき、塩をつくりたいと思う」と答えます。当時、塩はイギリスの専売制だったため、インド人が勝手につくって売ることはできませんでした。ガンディーは、その塩を自分の手でつくりたいと言います。指導者たちは、ガンディーの真意を計りかねました。塩の専売制の問題も重要だけれども、今はもっと大きな政治が動こうとしているときで、塩の問題のような小さなことに固執する段階ではないのではないかと考えたのです。指導者たちは、「それどころではない」「運動の先頭に立ってほしい」とガンディーに頼むのですが、ガンディーは頑《がん》として譲りません。結局、ガンディーはグジャラート州アーメダバードにある自らの修行場（サバルマティ・アーシュラム）から一歩を踏み出し、数百キロ離れた海岸に向けて歩き始めたのです。

ここからインドの新たな歴史が始まります。

ダルマとトポス

N **塩の行進**

各人がそれぞれ自分の光にしたがって真理を求めるのは、すこしも間違ったことではありません。事実、そうすることが各人の義務《つとめ》です。（p.14）

塩の行進は当初、わずかな人数で始まりました。ガンディーは布一枚を巻いただけの質素な姿で歩き始めます。彼は炎天下、乗り物にも乗らず、時折、村に着くと木陰で休み、庶民に向けて語りかけました。彼の姿は、同じような粗末な格好で炎天下にレンガなどを運ぶ労働者の心を震わせました。ガンディーは、この刺すような日差しのなか、自分と同じ姿で歩き続けているという想像力が、多くの庶民を奮い立たせました。

ここで重要なことは「歩く」という行為です。彼は別のところで「政治の中に宗教を取り戻そうとしている」と述べていますが、特定の宗教を政治の中に取り込むことはしませんでした。彼が採用したのは、ガンディーの言葉でいうと「すべての宗教の中にある宗教」です。メタ宗教といってもいいと思います。

つまり、炎天下を歩き続けるという「行」は、ヒンドゥー、イスラーム、キリスト教、仏教などの違いを超えて共有できる宗教行為です。特定の宗教的イコンや礼拝、経典などを用いることなく、彼は宗教行為を政治行為に転換しました。かつて二十世紀初頭のインドではB・G・ティラク（一八五六―一九二〇）という人が、大衆の反植民地闘争を喚起するために、ヒンドゥー教のお祭りを利用しました。祭りの熱狂を独立運動に回路づけ、イギリスに対抗しようとしたのです。

しかし、この運動は独立運動の大衆化には成功したのですが、同時に特定宗教の熱狂を煽《あお》ったことから、敵対する方向がイギリスだけに向けられるのではなく、ムスリムにも向けられてしまうという問題がありました。結果、インド・ナショナリズムは宗派主義によって分断され、逆にイギリスを利することになってしまいました。

ガンディーは、このような過去の経験を踏まえ、ヒンドゥー教の教義を直接的に持ち出さず、政治に宗教を取り戻そうとしました。しかも、「歩く」という行為は、庶民の日常感覚と連続しています。さらに塩をつくるという行為も、庶民の日常の延長上にあります。天からの恵みである塩を、なぜイギリスだけが独占しているのか、それはおかしいではないかという問いは、庶民に対してイギリスの植民地統治の歪《いびつ》さを端的に伝えることができました。文字を読むことができず、難しい宗教的教義にアクセスできない庶民にとって、ガンディーの自己犠牲を伴う宗教行為は心に響きました。

ここがガンディーのすばらしいところです。結果、わずかな人数で始まった塩の行進は、海岸に着くころには巨大なうねりになり、多くのインド人がガンディーの後に続いて海岸で塩をつくります。イギリスは、この運動に圧倒され、ガンディーに対して歩み寄るようになりました。

N ダルマを果たせ。トポスに生きよ。

わたしはそれぞれの聖典を尊敬のこころをもって読み、どの聖典にも同じ基本的な精神性を見出したのでした。

（p.75）


われわれみんなが、己《おのれ》のもてる力量《ちから》を人類のために供出しなければなりません。

（p.100）


ガンディーは、明確な多一論者でした。真理の唯一性とともに、真理に至る道の複数性を訴える宗教家でした。そして、ガンディー最大の特徴は、その高尚な宗教哲学を、平易な言葉と日常的行為によって表現しようとしたところです。宗教対立を超えた政治と宗教の融合。これをエリートの言論を超えたところで成し遂げることができたガンディーはさすがです。

ガンディーは、この多一論的な構造と、ダルマやトポスというものをすべて直結させて考えているると思います。それぞれはそれぞれの場において、トポス＝「自分に意味が与えられた場所」があり、そこでのダルマ＝「役割」を果たすことで、全体とつながる。その役割原理が自己のアイデンティティとつながっている。そこから、「ダルマを果たせ。トポスに生きよ」というメッセージが出てきます。

ヒンドゥーの有機体論的な社会観では、よく宇宙の構造を人体にたとえます。心臓には心臓固有の場所（トポス）があり、そこで心臓としての役割（ダルマ）を果たすことで、一人の人間を構成している。足には足のトポスとダルマがあり、耳には耳のトポスとダルマがある。それぞれがそれぞれの役割を果たし合うことで、有機的なつながりが生まれ、一人の人間の生命が成立する。宇宙もこの構造と同様だというのです。

社会が流動化し、派遣労働のような代替可能性を突きつけられる現代社会において、トポスとダルマはきわめて重要な概念だと思います。

N 完全な真理、不完全な人間

「すべての宗教は、聖なる霊に触発されて生まれたものですが、それらは人間の精神《こころ》の所産であり、人間によって説かれたものですから、不完全です。」一《いっ》なる完全な宗教は、いっさいの

言語を超えたものです。

p.70

ガンディーは、真理は神であり、個別的な宗教は不完全な存在だと繰り返し強調します。宗教は人間の言葉によって語られ、教えが説かれます。言葉が有限なる存在である以上、その言葉によって語られる宗教も有限なる存在です。

しかし、これは真理が有限なる存在だと言っているのではありません。真理は無限なる存在で、完全な存在です。だから、真理そのものを有限なる言語によって語ることはできません。私たちは真理の影しか表現することはできません。この真理は唯一であり、絶対的存在です。そして、その真理に至る道が相対世界◆の宗教です。この差異をしっかりと踏まえることこそ、ガンディーの宗教思想にとって重要なポイントでした。

ガンディーは徹底的に人間の不完全性を見つめます。人間は過去・現在・未来のいかなる時点においても完成しません。当然、不完全な人間が構成する社会は不完全なものです。もちろん人間の理性は不完全な存在です。理性によって理想社会を構築しようとする近代思想を、ガンディーは退《しりぞ》けました。

そのため、ガンディーは個人の理性を超えた存在に注目します。それは集合的な経験知であり、村落社会の伝統でした。彼は死者たちによって継承されてきた伝統や慣習、良識といったものの中に文明の叡知を読み取り、その価値を重視しました。この点において、ガンディーと保守思想は通底します。

N 木という比喩

真摯《しんし》な努力を重ねていけば、一見異なる真実に見えるものが、結局は、同じ樹に繁茂《はんも》する見かけの違った無数の木の葉のようなものであることがわかるでしょう。神ご自身が、人それぞれに、それぞれ違ったお相《すがた》で現れるのではないでしょうか。それでもなおわたしたちは、神は一つであることを知っています。そこで、真理が神の正しい呼称となるのです。（p.14）

ちょうど一本の樹は幹は一つですが、枝葉が無数にあるように、真《まこと》の完全な宗教は一つですが、それが人間という媒体をとおして表わされるときには多となるのです。（p.70）

ガンディーの多一論は、木というメタファーを使って説明されることが多くあります。ガンディーは「この木を見よ」と言い、有機体的な宇宙観を説きます。

◆相対世界　「この世」のこと

私もインドでヒンドゥーの宗教者に「この木を見よ」と言われたことがあります。「この木は夏には多くの動物に木陰を提供し、小鳥たちに実を分け与える。二酸化炭素を吸い、酸素を吐き出す。しかし、木は『自分はよいことをしている』という自意識をもっているだろうか。この木は計らいをもつことなく、その場で自分の役割を果たし続けている。このダルマの連鎖が、宇宙を構成している。余計な計らいを棄《す》て、自分の場所で自分の役割を果たすことの重要性を、この木は静かに教えてくれている」と。

私は、このバラモンの言葉を聞きながら、現代インドにもガンディーの精神が生きていることに感銘を受けました。彼は有名な宗教者でも何でもなく、デリーの街中の小さな祠《ほこら》を守るバラモンです。インドの奥深さを知った瞬間でした。

W 敵対する真実の対話者

中島さんとはじめてお会いしたのもインドのデリーでした。デリーには何度か行っているのですが、決まって訪れているのが、ガンディーが暗殺されたビルラ邸です。

この大きな邸宅は、今では広く公開されていて、ガンディー博物館のような場所になっています。そこには、ガンディーが人々に向かって話した場所、日々生活していた空間が残っていて、彼の遺品や写真も展示してあります。ですが、そこで私たちがふれえるもっとも大きなものはガンディーの精神――より正確には精神となったガンディー――です。

当時、人々は芝生に座ってガンディーの話を聞きました。今も、同じようにその場所に座ることができます。死者となったガンディーは言語で語りかけてくることはありません。しかし、そこに佇《たたず》んでいると、意味の塊《かたまり》となった律動のようなものを感じます。

一九四七年八月、インドはイギリスから独立します。しかし、同時にインドは、パキスタンとも分離します。かつて現在のインドとパキスタンに当たる場所は、ともにイギリスの植民地でした。その全体をガンディーはイギリスから独立させ、自治を実現しようとしていました。しかし、その独立は、ガンディーが願ったかたちにはならなかった。指導者たちは、ヒンドゥーはインドに、ムスリム（イスラーム教徒）はパキスタンに強制移住させるという決断を下します。ガンディーにとっての「インド」は国家の名称である前に、多民族、多宗教が併存する時空を意味していました。インドの「独立」はガンディーにとってはまったく不完全なかたちでもたらされました。

西洋近代は宗教あるいは文化の差異を昇華するのではなく、争い、ときに相手を壊滅することで自身の力を誇示してきた。ガンディーの視座はまったく違います。自分と相容れない相手こそ自分を完全に近づける、という確信がガンディーにはある。彼の運動は、近代文化の価値観で区分けされた国家観への大きな挑戦だったともいえます。

独立から半年ほどたった一九四八年一月三十日、ガンディーは暗殺されます。彼に銃口《じゅうこう》を向けたのはムスリムではありませんでした。信仰を同じくするヒンドゥー教徒でした。原理主義的な理想を掲げたヒンドゥー教徒たちは、分離独立後も、パキスタンのムスリムと対話を止めようとしないガンディーが、大きな譲歩をすることを恐れたのです。

人はいかにして、真の融和の道を見出すことができるか、それが政治哲学者としてのガンディーの問いでした。「哲学者」というと、単に思想を述べる人物を想起しがちですが、真の哲学者は思索の人であるとともに行為の人でもあります。哲学の祖のひとりプラトン（紀元前四二七―紀元前三四七）がそうでした。ガンディーは『獄中からの手紙』でこう書いています。

> 他人を打ちまかそうとやっきになっている人は、前進することなく、ただその場に立ち尽くしているだけです。これにたいして、禍《わざわい》をもたらす者をも寛恕《ゆる》す人は、自ら前進するとともに、ときには敵対する他者をも共に連れ立ってゆく（p.19）

新しい地平は、敵対すると思われる者たちとともにつくったときにだけ現実のものとなる、というのです。この視座は、今日の私たちにも無関係ではないはずです。

真実を明らかにするために哲学が発見したもっとも有効な道は対話です。本当の意味の対話者は、敵対していると思っている相手である場合すらあることを、ガンディーの生涯は教えてくれています。

一なるものと多なるもの

先ほど、中島さんが「多一論」といったことは、「不二《ふに》一元論：advaita（アドヴァイタ）」と呼ばれることもあります。「不二一元」とは文字どおり、目には異なって映るさまざまな現象はすべて一なるもの、「不二」なるものがさまざまなものに自己展開していると考える世界観です。たとえば「神」は唯一なるものである、とさまざまな宗教が語ります。一なるものであるはずの「神」がいくつもの異なる姿で語られる。しかし、不二一元の世界観ではこうしたことは矛盾であるとは考えられません。ガンディーはこう語っています。

なぜこのように数多くの異なった宗教信仰がなければならないのか、という疑問が生じます。宇宙霊は一つですが、霊がやどり生命を与える肉体は数知れません。わたしたちはそうした肉体の数を減らすことはできませんが、多にやどる霊の一如《ユニテイー》は認識できます。（p.70）

神は、究極的には一なるものだが、複数どころか、無尽の顕《あら》われを有するというのです。不二一元論においては一神と多神は相反するものではありません。それは展開する場、時、次元が異なるにすぎないと考えます。

この思想はインドだけでなく、広く東洋の存在論の根底をなす考え方です。それは、「考え方」というよりも、東洋哲学を構築してきた歴代の哲学者たちの深い実感でした。同質の哲学は、十三世紀イスラーム神秘哲学の祖イブン・アラビー（一一六五―一二四〇）の思想にも認めることができます。

先の一節でガンディーが「霊」と呼んでいた超越的絶対者を、イブン・アラビーは、「存在」と呼びます。彼によれば、「花が存在する」のではなく『存在』が花する」ということになる。「存在」が、石するともいえるし、川するともいえる。ガンディーするともいえるし、私する、ともいえる。万物が「存在」の顕われだというのです。問題は、その顕現の度合いにある。しかし、存在するすべてのものに超越の働きがある、という認識は動かない。

近代日本に近いところでは『茶の本』の著者であり、近代日本芸術に大きな影響を与えた思想家でもあった岡倉天心《てんしん》（一八六三―一九一三）を貫いているのも不二一元論です。また、天心に決定的な影響を受けた詩人タゴール（一八六一―一九四一）もそうです。井筒俊彦、小林秀雄にもその痕跡《こんせき》を認めることができます。

先に見たイブン・アラビーの哲学を日本に本格的に紹介した最初の人物は哲学者井筒俊彦です。彼は「存在はコトバである」といいます。ここでの「存在」がイブン・アラビーのいう「存在」、宗教的な言葉でいえば「神」です。それが「コトバ」として顕われる。ここでの「コトバ」が言語の形態であるとはかぎらない。文章を書くとき、人は言語をコトバにしますが、絵を描くときは色や線がコトバです。歌うときは音律がコトバです。悲しむ人に寄り添いながら抱きしめる、その行為すらコトバとなる。

『当麻《たえま》』という作品で小林秀雄は、「美しい『花』がある。『花』の美しさという様なものはない」と書いたことがあります。ここを流れているのも不二一元の思想です。一なるものは、眼前の花として顕現している、これは実在だが、「花の美しさ」というのは造られた想念にすぎないというのです。

ガンディーの哲学にふれ、天心、タゴール、イスラーム神秘主義、井筒俊彦、小林秀雄まできましたが、ここで確認したいのはガンディーを貫いている思想は、彼独自のものであるよりも、今日の私たちにも深く関係している東洋の伝統的な形而上学であるとともに、日常の叡知でもあることです。

人間は、自分にとって好ましいものに対しては、意識下で、自分と同じ源流から生まれたものである、という感覚を抱いています。姿が異なるものでも、共振、共鳴するものは、深いところでつながっていると感じている。しかし、不二一元論の思想はそこにとどまらない烈《はげ》しさを秘めている。敵対するもの、あるいは理解が困難であると感じられるものでも、その源流は一なるものに帰っていくというのです。

W 存在の尊厳

そもそも人はみな同じ一つの聖火の火花ですから、なんぴとも生まれながらにして触れるも穢《けが》らわしいなどということはありえません。特定の人たちを生まれつき不可触民として遇《ぐう》するのは、誤りです。同様に、死体に触れることに理不尽な躊躇《ためらい》をいだくのも誤りです――それどころか、死体は憐憫《れんびん》と尊敬の対象であるべきです。わたしたちが死体に触れたり、油を塗ったり、髭《ひげ》を剃《そ》ったりしたあとで沐浴《もくよく》をするのは衛生上の配慮からです。（p.56）

この一節にまざまざと顕われているのも「不二一元」の世界です。人間はすべて一なる「聖火」から生まれた「火花」である、また、その事実は人間が死んだ遺体となっても変わらないとガンディーはいいます。さらに彼は、そのもっとも烈しい火花の顕われを「不可触民」と呼ばれる人々に見る。インドにはカースト制という身分制度があります。「不可触民」は、その埒《らち》外《がい》にいる人々です。ガンディーは彼らをハリジャン（神の子）と呼び、その存在をことさらに愛した。

世の中でいわれている「聖性」とは、光に照らされた百合《ゆり》の花のようにきれいで美しい、というものであるかもしれません。しかし、それは本当の聖性ではなく、造られた聖性かもしれません。本当の聖性というものは、それにふれたら私たちが、ある戦慄《せんりつ》を覚えるような、ときに目を覆《おお》いたくなるような、おぞましいものでもあります。

ナザレのイエスは、十字架に磔《はりつけ》になって、脇腹を突き刺されて死にます。しかし、この人物が、この世に現れた、もっとも苛烈な、また、大きな「火花」の一つであることは論をまたない。イエスの死は、人間の目から見れば敗北者の、じつに悲惨な最期です。しかし、その壮絶な最期に原始キリスト教団の信仰は胚胎《はいたい》する。同質の、しかも今も続く不断の出来事を、ガンディーは虐《しいた》げられる人々の姿に見る。そうでなければ「神の子」という表現も大袈裟《おおげさ》な比喩になってしまう。

「そもそも人はみな同じ一つの聖火の火花」であるとの一節も、現代人はこれを何かの比喩だと読む。しかし、ガンディーにとっては比喩以上の事実が見えている。「火花」という詩的言語を通じてしか表現できない強烈な経験がある。「形而上学は形而上的体験の後に来るべきものである」（『神秘哲学』）と井筒俊彦は書いていますが、それはもちろんガンディーにおいても変わりません。彼にとって「火花」とは、人間における存在の尊厳にほかならなかった。

カーストをめぐるガンディーの態度にはさまざまな意見があります。たとえば、同時代人でカーストの問題を考え尽くし、ついに仏教徒になった思想家アンベードカル（一八九一―一九五六）のような人物は、ガンディーに対して、結局はカーストを擁護《ようご》したではないか、とその態度を強く批判します。たしかに、この指摘には見過ごすことのできない重要な問題が潜んでいます。しかし、ガンディーが生命の「火花」を見ているのは、社会制度としてのカースト制とは異なる、もう一つ違う次元であることを見過ごしてはならない。
この『獄中からの手紙』のなかでガンディーは、トルストイ（一八二八―一九一〇）の本を読み、生きるとはどういうことであることかを再認識したと書いています。人はパンを食べるために生きているのではなく、生きるためにパンを食べている。だが、同時に、人を養う「パン」を生み出す労働はどこまでも貴い、と彼は言うのです。

不可触民と呼ばれる人々の労働にもガンディーは尽きない輝きを見る。彼が求めたのは、身分制度の解体という方法ではなく、人々がみな、不可触民たちに強いている仕事、苛酷《かこく》な仕事を自分たちでも実行することでした。労働の交わりが先にあって、身分制度が溶解していくことをガンディーは願っていたのです。彼にとって「労働」とは、見失われた「生」を取り戻そうとする営みだったのです。

「非」の形而上学――感情が捉える確かな世界

カーストをめぐるガンディーの認識を情緒的、感情的だと論理で断ずることはできます。しかし、論理だけではどうしても明らかにならない世界がある。そのひとつが「宗教」もしくは「霊性」の世界です。

東洋の人々にとって宗教は、もともと感情的事象です。感情的同意が先にあり、その後に神学・哲学が生まれます。しかし、近代は、感情はうつろいやすく、不完全なもので、理論こそ完全なものなのだ、と捉えている。

論理は言語によって世界を再構築しようとするということですが、言語の働きはじつは限られたものです。感情が捉えていることで、言語にならないことはたくさんある。ガンディーの生涯はその論理と感情を再び一なるものにしようとする試みであったともいえます。

語ること、書くことが「行為」にならなければ虚《むな》しいと、彼は考えた。だから彼は行為する。彼にとって断食は、もっとも高次な意味での言語をはるかに超えた「コトバ」だったといえる。その証拠に彼の断食という「かたり」はあの広大なインド全土に届き、争いを止めさせることができた。

ガンディーの運動を象徴する表現として「非暴力・非服従」があります。非暴力は英語でいうと、non violenceになり、非服従はnon obidienceになります。ここで考えてみたいのは「非」nonの意味です。

非暴力は、無暴力ではありません。それは単に暴力がないことを意味しない。「非」は有無の次元の彼方を指向します。非暴力という一語はもともと、暴力による衝突を超えた方法に訴えるということを含んでいる。

非服従――これは「不服従」と訳されることが多いのですが、やはり非服従とするのがよいと思います――も、服従、被服従という関係から解放されることを強く希求していることの表現だと考えられる。

彼の「宗教」を考えるときにも、その底を流れる「非」の形而上学ともいうべきガンディー思想を見過ごしてはならない。彼は敬虔《けいけん》なヒンドゥーでありながら、狭義の宗教を超えて非宗教、メタ宗教の世界を求めた。

非宗教が、個々の「宗教」を包含する。しかし、非宗教に至るために人はさまざまな「宗教」という道を歩かなくてはならないことがある。私は、ガンディーの言葉を読んでいると親鸞を思い出します。鈴木大拙は、法然、親鸞の霊性を中心に論じた『日本的霊性』でガンディーにふれていますが、その理由がわかるようにも思う。日本で浄土教をひらいた法然・親鸞とガンディーは、宗教を解体するというところにおいてきわめて接近する。

もう一人、「行為」においてガンディーと接近するのは大杉栄《さかえ》(一八八五―一九二三)です。大杉は「はじめに行為ありき」といった。大杉はアナキストであり、真実の意味で自由の思想家と呼んでよい人物ですが、同じ言葉がガンディーから発せられても驚かない。アーシュラム(身分差のない、ガンディーの理想を実現しようとする共同体)を構想するガンディーは過激なアナキストだともいえる。

大杉にとってもコトバは行為です。大杉は、関東大震災のとき、彼のコトバの力を恐れた官憲によって殺されます。この事実はかえって、真に世界を変えるのはコトバであるということを反証している。同質のことは大杉とは別な方法だったが、やはり真の自由を求めたガンディーにもいえるのです。

真理はどこにあるのか

真理があるとすれば、それはいつでも、どこでも、誰の前でも真理でなくてはなりません。ある人にとっては真理で、ある人にとっては違うというようなものは真理とはいえません。すると世にある宗教、世にある思想はどれも、真理に近づきつつある道程かもしれないが、それは真理そのものを顕わしてはいないといえるかもしれません。ガンディーはこうも書いています。

> わたしたちは、いまだ神を実感し悟得していないのですから、宗教を完全には理解していません。わたしたちが頭に思い描いている宗教は、このように不完全なのですから、つねにそれは発展途上にあり、理解を新たにする必要があります。（p.69）

ここで「宗教」と書かれていることは思想、信条、哲学、あるいは芸術に変えても同じことです。真理は存在する、しかし、人間は容易にそれを知りえない、このことを深く認識するとき、寛容の精神が生まれるとガンディーは考えます。別な言い方をすれば真理はいつも、人間に不完全であることの自覚を強いるともいえると思います。

ですが、「寛容」という表現は好きになれない、どこか自分の考えが優れているという語感が残る、とガンディーは書いています。本当の意味での「寛容」は、「寛容」の精神からすら自由にならなくてはならないというのです。

人は、自己こそが真理を体現していると過信したとき、真理からもっとも遠ざかるといえるのかもしれません。

精神は日々深化するか、そう問いかけられたとき、多くの人はわずかであっても、日々深化すると応えるのではないでしょうか。日々「生」が深化していく、その厳然たる事実において人間は不完全であるといえます。不完全であるとは、同時に他者を一方的に裁く力をもたないということでもあります。

その一方でガンディーは、万人の内に真理が宿っていることを説くことを止めませんでした。「宇宙霊」はあらゆる場所に顕われることを、ガンディーは『獄中からの手紙』のなかで幾度《いくど》となく書き記します。

わたしたちは「サッティヤー」すなわち「真理」という語を、もっと広い意味で考えなければなりません。思念にも、言葉にも、行為にも、すべてに真理がやどっていなければなりません。真理を完全に体得した人には、もはやなにひとつ他に学ぶべきことはありません。な

ぜなら［すでに見たように］、すべての知識は必然的に真理のなかに包摂されているからです。（p.13）

真理は実在する。しかし、人間は十分にそれを表現することはできない。人類の歴史とは、終わることのない真理顕現の歴程であるとガンディーは考えたのでした。

愛と罪

N 官邸前デモは非暴力なのか

アヒンサーとは、あまねく万人への愛［博愛］を意味します。（p.25-26）

真理と愛は一つであり、同じものです。（p.39）

外なる仮想の敵と戦っているときは、内なる敵を忘却していた（p.19）

この本の重要なエッセンスは、「非暴力（アヒンサー）は愛である」といっているところです。これは若松さんがおっしゃった岡倉天心に通ずる観念です。天心は「アジアは一つ」という「不二一元論」の構造の中に、「愛」を見出しました。愛は差異と同一性の絶対矛盾の中に生成する作用です。だから、天心は「アジアは愛だ」と捉えた。ガンディーがいう「アヒンサーは愛である」という観念も、天心と同様の構造だと思います。

3・11後、脱原発運動が盛り上がり、官邸前デモが話題になりました。このデモは主催者によって「非暴力」と定義づけられましたが、私には疑問がありました。

私も原発はやめたほうがいいと思っています。保守思想の論理にしたがって、これまで脱原発論を書いてきました。だから、デモなどは支持したいという思いがあるのですが、どうしてもいくつかの点で引っかかりをおぼえてしまうのです。

私も官邸前デモに行ってみたことがあるのですが、そのとき、「おいこら！ 野田出てこい！」などといった罵声《ばせい》があちこちから聞こえてきました。東電に対しても、きわめて乱暴な罵声が浴びせられていました。私は「これは暴力だ」と思いました。ガンディーが問題視した暴力は、殴る・蹴るという手段的暴力に還元されません。言葉ももちろん暴力です。私たちは自分にとってつらい言葉を浴びせかけられるほうが、一発殴られるよりも痛いことを知っています。

ガンディーは怒りや敵意を超えろと繰り返し言っています。ガンディーにとって怒りとは欲望にほかなりません。ガンディーは言います。「真に勇敢であるならば、そこには敵意、怒り、不信、死や肉体的苦痛への恐れは存在しない。このような本質的な特性を欠いている人々は、非暴力ではない」。さらにガンディーは「大衆が怒りを表出すれば、勝利が目前の試合に負ける」とも言っています。彼にとって、攻撃的な言葉で「敵」を攻撃し、声を荒げることは「暴力」以外の何ものでもありませんでした。そして、そのような態度をとっていると、目的は達成されないとみていました。

ガンディーだったらどうしたか。間違いなく「静かに祈ること」や「断食をすること」といった自己の欲望の抑制を伴う運動を展開し、自己の変革を通じて政治家や電力会社の人たちの心を動かそうとしたでしょう。人は罵声を浴びせる相手の言うことを聞こうと思うでしょうか。頭ごなしに自分のことを否定的に扱おうとする人間に、耳を傾けようとするでしょうか。

ガンディーが「アヒンサー＝愛」といっていることを私たちは想起すべきです。そして、誰かと戦っているときは、内なる敵を見失っているというメッセージも重要です。

N　赦しは真に強い人間の属性

結局わたしたちは、盗賊を罰するより赦したほうがよいことに気がつきます。（p.20）

ガンディーにとって重要なテーマは「赦《ゆる》し」でした。憎悪の反復は、最終的に何も生み出さない。怒りを超えた「赦し」によってこそ、次の平和に向かって進むことができるというのです。

南アフリカの指導者ネルソン・マンデラ（一九一八―二〇一三）の思想も、その中心には「赦し」がありました。マンデラは繰り返し弾圧され、長期間、獄中につながれます。しかし、彼の不屈の闘志は衰えることなく、最終的に大統領の座に就《つ》き、アパルトヘイトを廃止します。彼は大統領就任式のとき、自分を徹底的に弾圧してきた人たちを最前列に招待したといいます。彼は「赦し」によって、新たな時代の扉を開けようとしました。

ガンディーは別のところで「赦しとは真に強い人間の属性である」と言っています。弱い人間は「赦し」を認めることができず、憎悪の念に包まれる。しかし、真に心の強い人間は「赦し」によって、憎悪の連鎖を断ち切ろうとする。怒りを欲望と捉えたガンディーらしい問いかけです。

一九四六年にインド東部で大規模な宗教暴動がありました。独立の間際だったのですが、カルカッタを中心にヒンドゥーとムスリムが衝突したのです。この暴動によって、双方に多くの死者が出ました。ガンディーはカルカッタに駆けつけ、「死に至る断食」を始めます。

ある日、ガンディーのもとに一人の男が血相《けっそう》を変えてやってきます。彼は、ガンディーに向かって言います。「自分はムスリムだが、自分の大切な息子をヒンドゥー教徒に殺された。それでもあなたはヒンドゥー教徒を赦せと言うのか」と。

ガンディーは「そうだ」と言い、次のように言いました。「あなたはこれから、孤児になった子どもを自分の息子として育てなさい。その子どもはムスリムによって殺されたヒンドゥー教徒の子どもでなければなりません。そして、その子をヒンドゥー教徒として育てるのです。その子どもが立派に成長したとき、あなたに真の赦しがやってくるでしょう」。

ガンディーの言葉や断食が大きな影響力をもち、暴動は止みました。彼は平和の獲得を、宗教的精神と行動によって成し遂げた人です。宗教が政治に果たす役割が間違いなく存在します。政治こそ、宗教を必要としているといっても過言ではありません。

W 真理の大海に生きる

人は自分の考えが未熟であることは素直に認める、しかし、その視座が誤っていることはなかなか認めたがらない。視座とは単に物事を見る角度ではなく、生の立脚地ですから、それを変えるには大きな勇気がいる。しかし、ガンディーは毎瞬その場所に変化が生じることを受け入れなくてはならないといいます。

『獄中からの手紙』のなかでガンディーは、常に、読者に向けて次元転換を強います。考えを変えるだけでなく、視座それ自体の、止むことのない改革を説きます。彼にとって生きるとは、真理への道行きでもありましたが、誤りを自覚する、不断の営みでもありました。次の一節にある「神」は、これまで見てきたように「真理」と置き換えることもできます。

> 神と一体となることを願うならば、わたしたちのいとなみも神のごとくに倦《う》まずたゆまぬものでなければなりません。大海から分離した水滴は、一時《いっとき》の休息を得るかもしれませんが、

海中の水滴にはしばしの休息もありません。なぜなら大海は休むことを知らないからです。同じことがわたしたち自身についても言えましょう。わたしたちが神という大海と一つになるとき、その瞬間からわたしたちには休息はなくなり、また事実、早《は》や休息の必要はなくなります。わたしたちの睡眠そのものも行動です。なぜなら胸中に神を思いつつ眠るからです。

(p.83)

ここで真理の経験を、「海」にたとえているのがとても印象的です。同質の表現は天心にもタゴールにもあります。海が何であるかは、そこに身を浮かべた者でなくてはわかりません。この一節は、真理の大海に身を捧げた者のみが発することのできるものです。

「神」は――あるいは「真理」は――そのときどきに姿を変えて顕現する。人間の固定した、狭い視座を打ち破って顕われる。真理とは、思い、あるいは傍観する対象ではなく、それを生きてみなくてはならないことをガンディーは強調します。むしろ、生きてみることによって現実となる、といったほうが彼の真意に近いかもしれません。真理は想念として顕われるが、そこではけっして止まらないというのです。

『獄中からの手紙』のなかでガンディーが注意するのは、「臆病」であることです。生きてみることに尻込みすることです。「行為」を妨《さまた》げている臆病な想念を抱いているとき、世界もまた、何も語ろうとしない。しかし、勇気をもって足を踏み出したとき、闇に道が開けてくる。「わたしたちは全世界を友とすることを学び、神、すなわち真理の偉大さを実感してゆく」(p.20) とガンディーは書いています。

また、ここで興味深いのは睡眠もまた、行動であるとの認識です。神と一つになろうとする真摯な営みはすべてガンディーにとっては高次な意味での「行為」なのです。こうしたことも現代人が忘れがちな、とても重要なことではないでしょうか。静かに身体を横たえることは祈りに近いというのです。

𝒲 霊魂は遍在する

行為の重要性を語りながら、同時にその主体が魂であることをガンディーは語ります。また、真に実在するのは身体ではなく「霊魂」である、霊魂が肉体を在《あ》らしめている、と繰り返し書いています。

欲望が消滅すれば、もはや肉体の必要性はなくなり、人は生死の循環から解放されます。霊魂は遍在しています。それなのに、どうして霊魂は鳥籠《とりかご》のような肉体に閉じこめられたがるのでしょうか。あるいはまた、そんな鳥籠「肉体」のために悪をなし、人殺しまでしなければならないのでしょうか。このことに気づくとき、わたしたちは完全な自己放棄の理想に到達し、

そして肉体が存続するかぎり、奉仕のためにこれを用いるべきことを知るのです

p.46-47

この一節はガンディーの確信なのですが、そこには同時に現代にも息づいている東洋哲学の叡知がなまなましく感じられます。

「霊魂は遍在」するとは、新プラトン主義の始祖で、ローマ時代の哲学者プロティノスの哲学でもありました。肉体はたしかに霊魂を宿す場所だが、霊魂の輝きに比べると肉体はあまりに貧しいとプロティノスは書いています。さらに同質の形而上学は、十九世紀ロシアを代表する劇作家チェーホフ（一八六〇―一九〇四）の『かもめ』にも見ることができます。

ここでガンディーは、肉体を滅ぼしても人は死なないことを明言します。霊魂としての生があることを語ります。題名のとおり、ガンディーは、この手紙を獄中から書いています。インドの独立運動の中核的存在だった彼は、しばしば投獄されました。外では運動が続き、イギリス政府との対抗のなかで多くの人々が命を落とします。肉体を殺そうとする者がいたとしても、彼らは何も滅ぼしたことにはならないとガンディーはいうのです。

先ほど中島さんのお話に出てきた「ヒマラヤほどの誤算」とガンディーが語った出来事をはじめ、この革命運動ではたくさんの人が死にます。ガンディーの思想は多くの死者となった人々、そして、死のあとも「生きている」死者たちとともにつくりあげられてきたものであることは忘れてはならない。ガンディーが「塩の行進」をする。そこには数万人の生者の傍《かたわ》らに

無数の死者が寄り添っている。彼は、この運動を独りで始めようとする。しかし、彼が根源的な意味で「独り」だったとしたら、その重みには耐えられなかったでしょう。

真理に向かって独り立つとき人は、無数の死者の助力を得る、それはガンディーの深い実感だったように思われます。

世界を本当の意味で変えたいと願うなら、人は独りで行動しなくてはならない、と作家の石《いし》牟《む》礼《れ》道子さんが語っています。水俣運動という大きなうねりに参加しながら、石牟礼さんは実存的には「独り」であろうとした。人は、「独り」であることで他者と結びつく、ということを石牟礼さんもガンディーもその生涯で証しているように思います。

先ほど、中島さんから原発問題への言及がありました。原発の問題を含む、震災後の日本を考えるとき、私はどうしても一度水俣の問題を再考しなくてはならないと考えています。水俣運動に参加した人々は自分たちの明日を見極めるために足尾銅山事件に還《かえ》っていった。歴史のなかに息づいている叡知に戻ろうとしたのです。

水俣運動で独自の活動をしている緒方正人《まさと》さんという方がいます。『チッソは私であった』（葦書房、二〇〇一年）という本を書かれています。チッソとは、水俣病の原因となった有機水銀を水俣の海に流し続けた企業の名前です。彼もそのご家族も水俣病で、被害者なのです。しかし彼は極限まで考える。考えに考え抜いてみると、自身もまたこの文明社会をつくってきた一員であることがはっきりと感じられてくる。現代に生きている自分も不可避的に姿を変えた「チッソ」となっていたというのです。だから自分たちは水俣病患者として、チッソを一方的に攻撃することはできない、と言って彼は、裁判の原告団から抜け、運動から離脱する。しかし、彼は水俣問題から離れたのではありません。彼は個人として、今も活動を続けています。自分もその一員であるとの自覚をしたうえで、「チッソ」の誤りを厳しく問い質《ただ》しています。

N 水俣から福島へ

わたしたちは、他人の持ち物ばかりではなく、自分の持ち物をも盗みうるのです （p.40）

ガンディーと同様のところに立ったのは、私も水俣の被害者たちだと思います。緒方正人さんが言った「チッソは私だった」という言葉は、これからの福島を考えるとき、非常に重要な意味をもつと思います。チッソは消費社会の欲望を追求し、公害をまき散らしたわけですが、その消費社会の同じ論理に立っている自分はチッソと何が異なるのかと緒方さんは問うわけです。そして、自分こそがチッソの一部だと捉えることで、自己の内なる敵と戦い、近代の皮膜《ひまく》を突破しようとするのです。そこには、ガンディーと同様に祈りの世界がありました。

緒方さんは、これもガンディーと共通するのですが、土地の所有ということにも懐疑の念をもち始めます。なぜ自分が地球の一部を登記して、私的に独占することができるのかというのです。私もじつは札幌に家を建てたとき、ものすごく違和感がありました。大地の一部が自分の私的所有の対象だということが、どうしてもピンとこなかった。そこに生えている木が自分のものだといわれても、「それはおかしいだろう」と思ってしまったのです。

ガンディーと緒方正人は脱原発運動を考えるときに重要な視座を与えてくれます。逆にいうと、彼らの視座を導入しないことには、大きな一歩を進めることができないのではないかと思います。脱原発運動は、ここからが重要です。

N 存在自体の罪

わたしたちが身を置く場には、幾百万という微生物が棲息していて、わたしたちがそこにいるというだけで被害をこうむります。それでは、わたしたちはどのように身を処せばよいのでしょうか。自殺をすればよいのでしょうか。そんなことをしても、なんの解決にもなりません p.21

ガンディーが論じているのは、人間が存在することそのものの罪です。罪の英語はcrimeとsinの二つがあります。crimeは犯罪ですよね。刑法に書いてあることを破ること。人に危害を加えたり、人のものを盗んだり。これとsinは違います。sinは存在自体の罪です。

私たちは必ず動物や植物の命を奪って生きています。私の存在は、両親の性欲の産物です。私たちの生は、それ自体の中に罪深さを抱え込んでいる。ガンディーはこのsinを見つめよと言っています。

これは親鸞の「悪人正機《あくにんしょうき》」と通じます。親鸞にとっての「悪」はsinの問題です。犯罪を犯した人間こそが救われるなんて言っているのではなくて、人間は存在自体の中にどうしようもない悪を抱え込んでいる、その悪に自覚的になることで自己の計らいを超えた他力に身をゆだねることができる。「悪人正機」とは、自分が「悪人」でしかありえないことを自覚することで、自力への過信を相対化する作法でもあります。自己の限界に謙虚になること。自力を超えた存在に謙虚になること。ガンディーと親鸞は、つながっています。

真理は愛に勝る

大きな足跡を残した人物にはいつも、多様な側面があります。ガンディーもその一人で、彼を宗教者として論じることもできます。思想家、政治活動家、あるいは優れた詩人として考えることもできます。畜産・農業家としての顔もあります。しかし、これらの「顔」をいくつ積み上げてもガンディーの姿は浮かび上がってこないかもしれません。ここに父、夫といった個的な立場を含んでも同じことです。

人間には、こうした立場的な区分からはみ出るところがある。そのはみ出たところがその人を深いところから生かしている。この事実の重みは私たちが自分自身のことを考えてみれば明らかです。また、人は誰も複数の立場、複数の「顔」をもっています。しかし、その底を流れる何かがあることも、私たちは感じている。ガンディーの場合それは、あくなきまで真理を渇望する者の姿だったといえるかもしれません。

『獄中からの手紙』は、「真理の手紙」と題してもよいほど、繰り返し「真理」が問われています。彼は、インド独立という革命運動に参加している無数の人々に、あくまでも問題は真理の探究にある、と問いかけるのです。

この姿勢は、ガンディーを考えるとき、きわめて重要です。先にも引いた一節でガンディーは「思念にも、言葉にも、行為にも、すべてに真理がやどっていなければなりません」(p.13)と語っていました。「真理」が「やどる」という言い方をします。真理というものは「現れる」というよりも、人間に真理は「やどる」のだと言います。ガンディーの言葉はとても肉感的です。彼は深く実感したことだけを書いている。彼は自分が真理を語るとはいわない。真理が人間を通りすぎる、というのです。人間は真理を語らない、しかし、真理が顕われる場になることはできる、それは人間に託されたもっとも高貴な役割だとガンディーは考えている。

「やどる」という体感、これはかつて、宗教、哲学、芸術と分野を問わず生起していた現象でした。しかし、現代人は自分を表現することに忙しくて、「やどり」が起こることを忘れている。

かつて詩人はコトバがやどると言った。画家たちは、「私」が色を使うのではない、色が自分を通りすぎると言いました。彫刻家は、自分が造形をつくるのではなく、存在の深みからかたちが浮かび上がってくると言いました。もし本当にそういう芸術家が現代に現れれば、おそらく私たちはその前で沈黙せざるをえない。そして、沈黙すると同時にひとつのコトバを体得します。次の一節は、中島さんがご自身の著書で書いているものです。

しかし、ガンディーは「非暴力」を「受け身の抵抗」と呼ぶことはまったく間違いだと言います。そして、「非暴力は暴力よりも、もっと積極的です」と述べていました。さらにガンディーは非暴力を「目に見えない力の沈黙」とも表現しています。

(『ガンディーからの〈問い〉――君は「欲望」を捨てられるか』NHK出版、二〇〇九年、p.48)

「目に見えない力の沈黙」、つまり、力は沈黙において現れる、というのです。この沈黙の秘儀《ひぎ》を、現代人はいつの間にか忘れてしまったように思います。

死者のデモクラシー

N 死者の立憲主義

霊魂は遍在しています。それなのに、どうして霊魂は鳥籠のような肉体に閉じこめられたがるのでしょうか。（p.46）

ガンディーがここで「霊魂」と言っているのは、「アートマン」のことです。アートマンは「真我」と訳されるように、「個の根源」を意味します。ヒンドゥー教では、このアートマンと宇宙の根本原理・ブラフマンが究極的には同一のものであると説かれます。これが梵我一如《ぼんがいちによ》です。

アートマンは肉体が滅びても、それ自体が滅びることはありません。輪廻転生《りんねてんしよう》を繰り返し、異なる姿の器に宿ります。そして最終的に真理を悟るとブラフマンと一体化し、解脱《げだつ》します。「欲望が消滅すれば、もはや肉体の必要性はなくなり、人は生死の循環から解放されます」（p.46）。

若松さんがおっしゃるように、ガンディーは人間の肉体を「器」と考え、そこに遍在するアートマンが宿っていると考えています。この感覚は重要です。私が命を生きているのではなくて、命が私を生きているのです。

またこれもご指摘のとおり、ガンディーは「目に見えない力の沈黙」に注目しました。そして、そこに死者が存在することをはっきりと認識していた人でした。彼は別のところで歴史について言及します。ヒンディー語で「歴史」は「イティハース」というのですが、この語はイギリス人がいう「ヒストリー」とは異なると言います。ガンディーによると「ヒストリー」が記述するのは「帝王たちの行跡」で、愛や真理が分断されたときに記録されます。つまり不自然なことが起きたときに、それが「ヒストリー」として記録されると言うのです。それに対して「イティハース」は多くの人々の日常的実践の積み重ねであり、自然に継承されてきた伝統・常識の体系であるため、わざわざ記述がなされないと言います。つまり、真の歴史は沈黙の中にあるとガンディーは考えています。

では、その沈黙の主体とは誰か。それが死者たちです。ガンディーは死者たちのコトバを聞くことこそ、歴史を学ぶことだと考えていた人でした。

いま憲法の議論が盛んに行われていますが、重要なのは憲法こそ本質は死者のコトバによって構成されているということです。イギリスには成文憲法がありませんが、それは死者たちのコトバを現在の人間が言語によって固定化することへの抵抗があるからだろうと思います。彼らは死者の立憲主義を信用しているのでしょう。死者たちの積み重ねてきた経験知の体系こそが現在の我々を縛《しば》り、権力の暴走を縛っている。それがその国のコンスティテューション◆だという認識が共有されているのだと思います。

𝒲 不可視なもの

憲法を考えるときにも重要なのは、そこで表現されている事象の多層性です。憲法と呼ばれるにふさわしいものであるなら、活字は現実社会でも公理を語り、行間は語り継がれてきた叡知の存在を明示していなくてはなりません。これは単なる比喩ではなく、憲法はその成立から見ても生者だけでなく、死者たちの叡知によって生まれるともいえる。また、憲法は、現実的な規範であるだけでなく、終わることのない存在の尊厳に対する応答でなくてはなりません。

日本国憲法第九条が、平和への誓いの顕われであることに異論はないと思います。憲法改正を考えるとき、まず忘れてはならないのは、人間とは平和を守ろうとする存在である一方で、それを壊すものであり、正しくあろうとしながらも、しばしば誤るものであるという事実です。『獄中からの手紙』のなかでガンディーは、「誓願」をめぐって同質の問題を論じています。

人は怪しげな事柄は誓わぬものであり、また誓ってはなりません。誓いがたてられるのは、普遍的な、衆目の一致する根本原理「でありながら、しかもわたしたちが、習慣的にそれにのっとって行動をしない、原理」についてだけです。（p.88）

ガンディーの言葉が正しいなら、私たちの憲法とは常に、平和という「根本原理」に根差していなくてはならないということになる。根本原理への探究のないところでは憲法にふれることは許されない。しかも平和は、「根本原理」でありながらも、「わたしたちが、習慣的にそれにのっとって行動しない原理」であることを忘れてはならない。平和が何であるかを深く考えることなく、平和を守ると口にする者にそれを実行することはできない。なぜなら、その人は自分が何を守るべきかを本当は知らないからです。

日本国憲法を考えるとき、第九条の問題に一元化するのもとても危険です。憲法は常に全体として存在しているからです。だから逆に、ある人々は、部分を恣意的《しいてき》に変えることですべてに影響を与えようとする。

真の平和とは、可視、不可視なもののつながりであることを、もう一度思い出さなくてはならない。不可視だが実在する。そのことを前提に私たちは、不可視なものの顕われとして、見

◆コンスティテューション　構造や構成。国家の構造を示す憲法

えるものを貴ばなくてはならない。

不可視なものに本当につきあっている人間は、必ず可視的な問題の世界に戻ってくる。別な言い方をすれば、深く現実世界にしっかりと参与できているということが、不可視なものにより深く出会っていることの証なのだと思います。ガンディーは、その典型でした。

洞窟が私の中に籠っている

ガンディーはあるとき、宗教的な真理を問い詰めたいのなら、ヒマラヤの山奥に行って洞窟の中に籠《こも》るべきだと言われます。ガンディーはその人に対して「洞窟が私の中に籠っている」と言いました。ガンディーは世俗的な生活の場と真理の探究の場が切り離されているとは考えていませんでした。彼は今ここの現実の中に関与し生きることと、洞窟に籠って真理を追究することを一致させようとした人です。

ガンディーの偉いところは、繰り返しになりますが、「歩く」「食べない」「糸紡ぎ車を回す」といった誰にでもできる日常的実践を繰り返すことで、深遠な宗教思想を表現しようとしたところだと思います。彼は思弁的で難解な宗教思想を、誰にでもわかる、そして誰の心にも響くような行為によって実践しました。彼は宗教的理想を語ろうとした人ではなく、宗教的理想を生きようとした人です。だからこそ、ガンディーの思想は強靭《きょうじん》な力をもっています。

これはやはり柳宗悦にも通じますよね。前章でも言いましたが、彼が民藝運動や朝鮮独立運動などにコミットしたとき、「もう宗教哲学の追求はやめたのか」と言われたりするのですが、「自分は同じことをやっているつもりだ」と言っています。宗教的真理の追究を日常の中で生きることと切り離す発想こそ、宗教の全体性を認めない非宗教的態度なのだと思います。

N スワデーシーとTPP

スワデーシーの信奉者は注意深く自分をとりまく状況に目をくばり、たとえ外国製品より品質が劣り、あるいは値段が高くとも、土地の製品を優先することで、できうるかぎり隣人たちを援助することになるでしょう。彼は商品の欠陥を改善しようと努めますが、欠点ゆえにそれらを見限り、外国製品を採用するようなことはしないでしょう。（p.112）

スワデーシーの真正《まこと》の信奉者は、外国人にたいして悪意をいだくことはありません。言いかえれば彼は、世界中のいかなる人にたいしても敵対感情をもって行動することはありません。国産品愛用主義《スワデーシー》は憎悪崇拝ではありません。それはこの上なく純粋なアヒンサー［愛］に根ざした無私の奉仕の教理です。（p.113）

ここでいうスワデーシーという問題は、ＴＰＰの問題と関わってきます。今、みんなが一生懸命になって論争しているのは、「ＴＰＰに参加したほうが得をするのか損をするのか」という点です。ＴＰＰに参加すると、製造業などは利益が出るかもしれない一方で、農業は外国産品にマーケットを奪われるだろう、といった感じで、総合的な収支を電卓ではじき、国益にかなうかどうかを争っています。

しかし、ガンディーだったら、その論争自体に疑問を呈するでしょう。ガンディーが掲げた「スワデーシー」ですが、「スワ」とは「自ら」で、「デーシー」は「国」を意味します。直訳すると「自らの国」ということになりますが、ガンディーはこの語を「自国産品愛用」として掲げました。

当時、インドでは「富の流出」ということが盛んに言われました。インドは世界的な綿花の産地ですが、当時のインドではその綿花を加工し、大量の布製品を生産することは難しい状況でした。手工業によってつくられた綿製品は、とびっきりの伝統職人がつくったものなどを別にすれば、どうしても粗悪品が多く、生産量も限定されていました。そのため、インド国内ではイギリス製の服などが、大量に流通していました。

そこで起きたのが「富の流出」です。インドは原材料である綿花をイギリスに売って、加工された綿製品を買っていました。当然、綿花よりも綿製品のほうが高価なため、インドの富は、市場原理によって自ずとイギリス側に流出していったのです。

インドの独立運動家たちはこの問題にメスを入れ、インドでも機械によって大量の高付加価値商品を生産しようという声が上がりました。イギリスに対して、市場原理で対抗しようというのです。

しかし、ガンディーはそのような意見にNOを突きつけました。そして主張したのが「スワデーシー」でした。ガンディーは「自国産品を優先して買うべきだ」と主張しました。ガンディーは、外国製品よりも品質が悪く、価格が高い場合でも、自国産品を買うように説きました。

ガンディーは「スワデーシーは、身近な環境に適応されたスワダルマだ」と言います。「スワダルマ」とは「宇宙の原理にしたがった自己の義務」のことで、ガンディーは自国産品を買うことに宗教的な意味づけをもたせました。

ガンディーの理念にあるのは、隣人に対する義務です。彼は、全人類に対する義務は、まず身近な人への奉仕から始めなければならないと考えました。しかし、それは一方的な喜捨《きしゃ》であってはなりません。懸命にダルマを果たす隣人に対して、自らも消費者としてのダルマを果たすという「ダルマの相互関係」こそが、ガンディーの「真の人間的経済学」でした。

ガンディーは「関税による保護」や「生産者の競争意識の向上」などを、声高に説きませんでした。問題は、政府や生産者にあるのではなく、我々の日常的な消費行動にあるというのが、ガンディーの主張でした。

人は自らの場所で自らのダルマを果たし、トポスを獲得する。この有機的存在論こそが、ガンディーの「スワデーシー」の論理を支えていました。居場所を失い、出番のない社会に生きる我々にとって、ガンディーの論理はＴＰＰの損得を超えた重要な意味をもつのではないでしょうか。

自分たちが選んだ

ＴＰＰの問題を考えるときに、忘れてはならないのは、間接的であったとしても自分たちが選んだ、ということです。のちにそれを考えるときに、自己決定したことを棚にあげるような論議はしないようにしたい。ＴＰＰが何であるかを説明できる立場にある人は限られている。現在の日本は、自分たちが何を選んだのかがわからないまま、物事が進んでいくような構造になっています。私たちが変化をもたらさなくてはならないのは、問題が決定されるまでの構図です。

また、ＴＰＰは経済の問題でありながら、経済があらゆる生活の場面と不可分である以上、関係ない領域がないほど甚大《じんだい》な影響をもたらすことはいうまでもありません。歴史が私たちに日々あらたに教えてくれているのは、ある問題が隣接する他の問題と切り離されたとき、必ずそこに不用意な衝突が生まれるということです。芸術であれ、宗教であれ、経済であれ、法律であれ何であれ、その隣接する分野との手を切り離した途端に暴走する。今、経済はそうなっています。そうとうに危ういところに差し掛かっている。

ですから、たとえばＴＰＰをあたかも農業問題であるかのように論じることには強い疑義があります。農業は食糧の問題ではなく、広く文化の問題であると考えたのは宮沢賢治です。だから、彼は農業の技術改革を実践する一方で、「農民芸術」を樹立しようとした。彼の作品にはいつも、現実社会への強い問いかけが潜んでいます。

同じことは「国産品愛用主義（スワデーシー）」を説くガンディーにもいえる。自国の製品を使うこと、さらにいえば、自らの衣服を自分たちでつくるということは、そのまま霊性の目覚めにつながるとガンディーは感じている。彼にとって衣服は日常生活の表象でした。そこに自由をもたらすことから、彼は真の独立を始めようとしたのです。

物事に賛成、反対の意見を述べることは自由です。しかし、自分たちが何に賛成し、反対しているのかを慎重に考えることなく、意見を述べることだけが先行するところに、解決の糸口は見出しづらい。同じことは原発の問題にもいえる。自分たちで選んだという深い自覚があるところにだけ、それを止めるという覚悟がある。憲法も、原発も、ＴＰＰも、アメリカから押しつけられたと思っているあいだには、それを止める覚悟は生まれてこない。反対意見が噴出しても、実際の変化は生まれにくい。先にもふれた中島さんの著書『ガンディーからの〈問い〉――君は「欲望」を捨てられるか』で、次のガンディーの言葉が引かれていました。

インドをイギリス人が取ったのではなく、私たちがインドを与えたのです。インドにイギリス人たちが自力でいられたのではなく、私たちがイギリス人たちをいさせたのです。（p.83）

この一節は『真の独立への道——ヒンド・スワラージ』（田中敏雄訳、岩波文庫、二〇〇一年）と題する著作にあります。インド独立運動の精神的マニフェストのような本です。ガンディーは被害者であることからの自立を訴えます。どんなに屈辱的なことであったとしても、自分たちで選んだとの自覚が生まれるところに、それを根本から覆《くつがえ》すような力が生まれることをガンディーは知っている。

この革命の原理をガンディーは、自分という場で何度も経験しています。彼の自伝を読むと、誤りを率直に認めるところから大きな変貌が始まっているのがわかります。彼は聖者として生まれたのではありません。むしろ、誤りやすい、自己中心的な傾向のある人物でした。だが、弱さはすべて強さに変わっていくことを、彼は経験していく、それがガンディーの内的生涯だったように思います。

一見すると、何かを誓わなければならない人は、弱い人間であると見なされるかもしれません。だまって実行すればよいのに、あえて誓いを立てなければ実行することができない人間は不完全であると思われるかもしれない。ガンディーはそうは考えなかった。彼は『獄中からの手紙』に、こう書いています。

> 誓いをたてるというのは、弱さの証拠《しるし》ではなく、強さの証拠です。なすべきことを、なにがなんでも遂行する――これが誓願です。それは不抜《ふばつ》の力の城壁になります。（p.89）

誓願の力は、内から湧き出てくるとガンディーはいうのです。岩肌から湧き水が出てくる。その瞬間まで人は、石の下に尽きることのない水があることを知りません。誓願をたてるところにはそれを行うのに必要な勇気が湧き出てくることを、ガンディーは経験的に知っている。「不抜」とはものが動じないことを意味します。誓願は、豊かな勇気に支えられて、困難と誘惑から自分を守る「不抜の力の城壁」となる、というのです。

さらにいえば、『獄中からの手紙』を読んでいると、誓いは、自分がたてるのではなく、どこからかやってくる、というのがガンディーの実感だったようにも感じられます。

訪れる誓願ともいうべき現象を考えるとやはり、法然、親鸞とガンディーの、時空を超えたつながりを思わざるをえなくなるのです。

積極的な受け身

N 受け身のほうが積極的である

ガンディーの非服従運動は「パッシヴ・レジスタンス」と言われました。「受け身の抵抗」ですね。受け身というとどうしても消極的な印象がありますが、ガンディーは受け身であることに積極的な意味を見出した人だと思います。

たとえば、先にも出てきた『真の独立への道――ヒンド・スワラージ』というガンディーの主著は、読者と編集長の対話という形式で書かれています。彼は相手の言葉に応じて、自分の考え方を示すというスタイルを好みます。他者を受け入れる姿勢を、思想の中に組み込んでいるんですね。「非暴力」と言ったときの「非」の論理も、この受身形につながる思想だと思います。「食べない」という断食も、「パッシヴ・レジスタンス」ですよね。しかし、暴力を伴うような前のめりな運動よりも、大きな力を生み出しました。受け身のほうが積極的だという逆説を、ガンディーは捉えていたのだと思います。

この本は、若松さんと対談をするということのスタイル自体がとても重要だと思っています。

触発されて出てくるものが、おそらく自分を超えたもの、彼方からやってきた言葉が私を通過している瞬間なのだと思います。この感覚こそ「対話」の重要なポイントです。そして、私が尊敬している思想家たちは、みんな対話を重視していた。対話の中にこそ、思想が生まれると考えていた。

言葉が孵化するという体験

プラトンが対話から哲学を始めたということは選択ではなく、必然だったのではないか、対話という形式の発見と哲学の樹立は同時だったのではないか、と思います。アラン（一八六八―一九五一）という二十世紀フランスを代表する哲学者がいます。彼は、こよなくプラトンを愛しますが、プラトンの哲学は、死者であるソクラテス（紀元前四六九？―紀元前三九九）との不断の対話によってつくられていったと書いています。さらに興味深いのは、プラトンは、しばしば語ることを止めないソクラテスに辟易《へきえき》すらしただろうとまで述べているところです。そうしたなまなましい対話の痕跡《こんせき》をアランは、プラトンの言葉に読んでいる。

親鸞の問題を、中島さんは長く考え、また、雑誌『考える人』に「親鸞と日本主義」を連載されていました。親鸞の思想もまた、途絶えることのない先師たちとの対話だったように思われます。彼の主著『教行信証』のほとんどは先達たちの著作からの引用です。しかし、そこにこそ親鸞の個が光っている。親鸞にとってコトバは、自己を表現する道具ではなく、彼自身がコトバの通路になろうとする。彼にとってコトバはひねり出すものであるより、訪れるものだった。

言葉——あるいはコトバ——が、訪れるものであることを知れば、待つということはきわめて積極的な営みになる。むしろ、ときにむやみに探すことは徒労になる。ガンディーの文章はそのようなコトバで満ちています。

コトバが宿る、という原経験があれば、それは他者にも起こりえているのだということがわかってきます。どこからともなくやってきたコトバが他者との対話で孵化《ふか》していく。自分の中に宿っていたコトバが、今もこうして中島さんと対話することで孵化していく。

ガンディーは『獄中からの手紙』で、人間とは「神」より何かを「委託」された存在であるとも語っています（p.53）。そう思うと、人間はコトバの巣であるように感じられる。巣ですから自分では何も生み出すことはない。しかし、卵がこぼれ落ちないようにしておかなくてはならない。人が巣であることを放棄すれば、卵は落ちてしまい、生まれるはずのものは生まれないことになってしまう。

コトバという「卵」、コトバとして顕われる真理の種子を宿し、守り、育み、孵化させること、それが人間の役割なのではないでしょうか。また、「卵」は万人に宿っていることがわかっていれば、他人のそれを奪ったり、壊したりすることもない。そうすることで、人はかえって自分の「卵」を損なうことになるからです。宿ったものを守ることはとても勇気のいることです。ガンディーは『獄中からの手紙』で、こう述べています。「勇者とは、剣や銃の類《たぐい》ではなく、無《む》畏《い》をもって武装した人のこと」（p.50）である、と。

ここでの「無畏」とは、失われることを恐れないことを意味しています。究極的な意味で人間は何ものも所有しえない、というのがガンディーの哲学でした。何も持たない者は、失われることを恐れることもない、というのです。

N わたしはわたしを所有していない

これらはすべて、わたしたちの所有物ではなく、神のものです。この世には、ひとつとしてわたしたちの物はありません。わたしたち自身ですら神のものなのです。
（p.52-53）

無所有の原理は、事物にたいすると同様、思想にも適用できることを銘記するべきです。無用な知識で頭をいっぱいにしている人は、この貴重な原理を穢《けが》しているのです。
（p.47）

人間には日々のパンは必要ですが、それを供給するのは神のなせる業《わざ》であり、人の分ではありません。
（p.45）

人間が言葉を所有していると思うことこそが、驕《おご》りなのですよね。ガンディーは「すべては神のものだ」と繰り返し主張しています。ガンディーのいう「無所有」というのは、所有できるのは神だけだということです。「わたしたち自身ですら神のもの」であり、わたしはわたしを所有していない。わたしは器であり、わたしが所有していると思い込んでいるものは、いのちも言葉も思考も「わたしという器」に宿っているものです。人間は「計らい」ももっていない。すべては「神の計らい」で、人間は「自分のあるべき位置がわかりさえすれば」いい。

この「器としての自己」を受け入れると、「わたしであることの執着」から解き放たれます。わたしは一つの現象です。そして、わたしは常に可変的な存在です。

わたしという存在にとって最大の欲望は「わたしであること」です。自分探しとは、肥大化した欲望なのです。そして、わたしがわたしを所有していると思っている。これが大きな間違いです。わたしが命を所有しているのではなくて、命がわたしを所有している。この関係を間違えてはいけません。

第三章

chapter three

「死者」を生きる

小林秀雄と福田恆存を読む

死者よりも死者論が、歴史よりも歴史観が、実在よりも概念が語られてしまう時代。そのなかで、「読む」ことを通して死者のコトバに出会うことの大切さ

W 『モオツァルト・無常という事』

「中島岳志」とは誰か

はじめて中島さんと会ったのは二〇〇三年、インドのデリーでした。そのときも驚いたのですが、なんだかご縁が深く、今年になっても偶然が続いていて、新幹線に乗ったら横に中島さんが座っていた。これは本当にびっくりした。

はじめて中島さんの本を手にしたのは、二〇〇二年で、『ヒンドゥー・ナショナリズム——印パ緊張の背景』（中公新書ラクレ、二〇〇二年）です。いよいよ霊性と宗教を生きることができる同世代——中島さんのほうがずっとお若いですが——の書き手が現れた、と思っていました。その中島さんが、朝、インドの宿坊の、細長い机の向こうでうどんを食べている。このとき、声はかけませんでしたが、何ともいえない感覚に包まれたのを覚えています。

それから八年後に、その人物が、誰よりも早く、ほかの誰とも違う、書き手を驚かせるような視点で私の著作を書評で取り上げてくれた。中島さんは、『井筒俊彦—叡知の哲学』『神秘の夜の旅』『魂にふれる』の書評を書いてくださっています。これで縁を感じないほうがどうかしている。私は、中島岳志という人物を政治哲学者だと思っています。ボース（一八八六—一九四五）、パール判事（一八八六—一九六七）、ガンディー、大川周明《しゅうめい》（一八八六—一九五七）、頭山満《とうやまみつる》（一八五五—一九四四）などを包み込む彼の「アジア」研究すら、彼の哲学の森に収斂《しゅうれん》していく、種々の樹木のような存在だと考えている。

ここでの「政治」とは、政教分離という制度上の近代的な政治ではなく、むしろ「まつりごと」という言葉に含意されていた霊性の顕われとしての「政治」、近代ではガンディーが体現してみせた「政治」です。現代は本当に「評論家」が多い。評論家とは、情報を集めて、それを分類し、評価するのが仕事です。その情報への思い入れは公平性を欠く行為だとされる。中島岳志という哲学者は、そうした地平の反対にいる。哲学者は、歴史をいつも「今」の出来事として感じている。世にいう客観性よりも、彼は真実に近づくことを重んじる。

「対話」とは自分の意見が消えていくこと

さて、本書のために、これまで数回にわたって中島さんと対談を続けてきました。座談会『近代の超克』から始まり、柳宗悦の『南無阿弥陀仏』、『ガンディー 獄中からの手紙』と読んできて、いま福田恆存《つねあり》の本を読んでいる。

回を追うごとにはっきりしてきたことがあります。同じ本を読んで、対談が行われる当日に臨むわけですが、ほとんど同じところに線なり付箋《ふせん》をつけているのです。それればかりか持参する参考図書も同じで、何だかおかしくなりました。こうした現象だけを見ると、対談しなくてもいいのかなと思うくらいです。

しかし、さらに面白いのは、二人は同じところに違う意味を読むのです。これが私にはとっても興味深く、また稀有《けう》な経験でした。

だいたいの場合、対談者はそれぞれの意見があるものです。一冊の本を読んでも、どうしてこんなに違うのかというほど差異が浮かび上がる。それはそれで面白い。ですが、同じところを異なる視座で、互いを補うように読んでいる、というのはとても稀《まれ》な経験です。

それぞれの意見を語っているとき、討論は起こりますが、本当の意味での「対話」はなかなか生まれない。もしくは予定調和的なおしゃべりになるかのいずれかです。現代は、そうした言葉が横行している。しすぎている。私が中島さんとのあいだに発見したのはまったく違う出来事です。「対話」とは、自分の意見が消えていくことだということを経験した。中島さんが言ったとか、私が言ったとか、そういうことがだんだん消えていく、そんな本になればよいと願っています。

死者は概念ではない

これから小林秀雄の話をする前に、少し死者をめぐる話をしたいと思います。死者を論ずるにあたって、まずお伝えしておきたいことは、死者は実在であって、けっして概念ではないということです。

ここで「概念」と申しますのは、ヘーゲル（一七七〇―一八三一）をはじめ、近代の哲学者たちが肯定的な意味で使った意味ではありません。それは、語り手が自由につくりあげることができる想念です。実在とは、本当に存在するものです。実在は想念のように自由につくりあげることはできない。実在を前に私たちができるのは、ただ発見することだけです。

悲しみは目に見えません。見えるのは涙です。あるいは表情です。立ちつくす姿です。それは悲しみを表象する。悲しみそれ自体は見えないけれども実在する。私たちは他者の悲しみを知りつくすことはできないから、それが軽いとか重いとか、あるいは無いなどとは絶対に言えない。存在するか否かを、自分たちの尺度で計ろうとすること自体、大変根拠の薄い行為であることを現代の人は忘れている。死者も同じです。名状《めいじょう》しがたいかたちで私たちは死者の存在を感じている。しかし、それを実証する方法が近代科学と一致しないだけです。

死者を感じたことがない人はいない

死者を考えるときに大事なことは、たとえば今ここでみなさんにとっての死者が、みなさんと一緒にここにいるかどうか、それを実感として感じられるかどうかということではないでしょうか。そこからしか死者論は出発しえない。死者が歴史的にどう語られてきたか、それだけを問題にするなら、それも概念の世界を出ない。問題は私たちが死者と、どう生きているかにある。むしろ、自らの実感と他者の死者観がどう違うのかが真に問われるとき、過去の死者論は今に蘇る。そして、その死者論が身をもって生きられたコトバであれば、たとえ表現の上に大きな差異があったとしても、その奥で深く共振するものです。

今日の催《もよお》しのタイトルは、「死者を生きる」となっていたと思います。私は今、「死者『と』生きる」ということよりも、「死者『を』生きる」ことのほうが重要だと思っています。ですがそれは、生者が、死者の願望をおもんぱかって生きる、あるいは死者を代弁する、ということではありません。そうした態度は一見美しいように見える。しかし、じつは大きな危うさをはらんでいる。死者を、あまりに生者の論理に引き寄せすぎる危険がある。さらにいえばそれほど傲慢《ごうまん》なことはないともいえる。

「死者を生きる」というときの「死者」は、無数の死者たちであるとともに歴史でもあります。今は、歴史によって支えられている。今はいつも歴史と不可分に存在している。それは生者と死者も同じなのです。生ける大きな歴史を生きるともいえるかもしれない。それは不可避的に歴史というううねりに参入することにほかなりません。「死者を生きる」というのに違和感があるなら「歴史を生きる」といってもよい。

死者と生きるという。このとき中軸は生者の世界にあります。しかし、本当にそうでしょうか。死者の世界が生者の世界を包んでいるのかもしれないのです。死者を感じるとは、同時に彼方なる世界を感覚することでもあるわけです。中心が二つある楕円《だえん》のように、さらにいえば立体楕円のように生者と死者の世界は結びついている。

虚無ならざる者

さて、最初に読みたいのが、越知保夫《おちやすお》（一九一一―一九六一）という人の文章です。ある時期以降ほとんど読まれることのない人物でしたが、少ない、しかし確実な読者によって今日まで作品が残っている。すでに没後五十余年が経過している大変優れた批評家です。越知保夫は一九六一年に亡くなっていますから、私が生まれたときにはすでにいない。しかし、あるとき、私は彼の臨在をまざまざと感じます。それは日々、生者の存在を感じるのとは別な直接的経験です。私にとっては今も大切な死者であり、書くということすら、彼の助力がなければ成り立たない。そんな人物です。その人が大変興味深い発言をしているので読んでみます。

死者とは何か。死者は虚無であるのか。死は、我々の中に愛するものの空しい影だけを残していっさいを絶滅してしまうものなのか。我々の中には、そうではないと叫ぶものがある。それは直接的な確信である。

「ガブリエル・マルセルの講演」『小林秀雄――越知保夫全作品』）

ここで語られているのは概念の言葉ではありません。彼の切実な経験です。「我々の中には、そうではないと叫ぶものがある」。人は、肉体が滅んでも、その存在が失われることはない。「それは直接的な確信である」と越知は言う。

ここに死を経験した人は誰もいません。死を知らぬ者、それが生者の定義です。ですが、その一方、死者を感じたことのない人もまた、いないのではないでしょうか。死者の経験を人に伝えようとするとうまく伝えられないことはある。言葉が出てきても、空想めいた話になることもある。そうだとしても、みな、多少なりとも死者を感じたことがあるのではないでしょうか。

みなさんもお葬式に参列されたことがあるかと思います。日々、無意識に死者と対話なさったりすることもあるかもしれない。死者の姿は見えない、でも存在する。空間を占めることはない、でもたしかに存在を感じる。それは近代科学の鉄則である「計測」を超えるものです。科学が把握できないものでも、十分に存在しえる。見えるものは、見えないものによって生かされている、そうした実感は人間にとってはむしろ本能的ともいってよいものではないでしょうか。

言葉は、すべて与えられたもの

自己との他者の関係は、「我」と「それ」、「我」と「汝《なんじ》」という二つの在り方がある、とユダヤ人哲学者マルティン・ブーバー（一八七八―一九六五）が言いました。「それ」は、不特定の他者、「汝」は、かけがえのない他者を指します。また、「我」と「汝」は相互、相補的に存在する。「我」がいて「汝」もいる。「汝」がいて、はじめて「我」たりえる。人はときに「我」を忘れる。しかし、「汝」と呼ぶべき他者はけっして「我」から目を離さない。人はときに自分を見つめることを忘れる。しかし、死者は私たちの魂から目を離さない。死者は魂の働きから生者を見る。それが私の実感です。死者はときに我よりも「我」に近い存在でありえる。そうした感覚は死者を経験されている方はよくご理解いただけるのではないかと思います。

「呼びかける死者と悲しむ生者」（『涙のしずくに洗われて咲きいづるもの』所収）という文章を書いたことがあります。生者が死者に呼びかける、というのが通常のイメージかもしれません。しかし、私の経験は違った。死者こそが呼びかける者ではないのか、という直観のようなものが全身を貫いたのです。あるとき、私は近しい人を喪《うしな》ってとても苦しんだ日々がある。そんなとき、亡くなり、すでに言葉を失ったはずの死者のコトバが耳にではなく、胸に、さらに胸の奥底に、というよりも胸の奥底から響いてくる。死者の語りかけはいつも沈黙のコトバによって行われることを知る。

この経験は私の「書く」あるいは「読む」という経験を根本から覆《くつがえ》します。死者の臨在を強く感じる以前は、今から思うと、やはり自分で文章を書きたいと思っていました。自分のなかにある何かを表現したいと思っていた。今もまったくないとは言いませんが、だんだんそのような気持ちは稀薄《きはく》になってきています。

また、「自分の言葉」などということは信じられなくなった。言葉はけっして所有しえないものであることもわかってきた。そればかりか、「自分らしい言葉」「自分の言葉で語る」という表現が、いかに表層的なものかがわかってきた。

「自分の」言葉とは何をもっていうのでしょう。もし、その人が、言語そのものを発明したのであれば、それはその人の言葉かもしれません。造語とは、いつもこれまでに存在していた「意味」を浮かび上がらせる行為であって、「意味」そのものをつくることではありません。それは人間にはできない。私たちにとっての言葉は、すべて何ものかに与えられたものです。もっといえば、経験もまた、すべて与えられたものではないか、ともいえます。そうした出来事を、自分を主語にして語りつくすことはほとんど不可能に近い。しかし、近代はそれを求めた。その末路が大変愚劣《ぐれつ》な結果になるのは避けられない。それは、空を眺めているだけなのにもかかわらず、空を所有したと思っているようなものです。

小林秀雄の告白

小林秀雄の『感想』は、ベルクソン（一八五九―一九四一）論であるとともに、これまでになく彼の死者の経験を、直接的に書いた作品です。それ以前にも小林は死者論を何度も試みながら、思うように語ることができなかった。この作品も『感想』という題名からも感じられるようにベルクソン論を書くことを目的として書き始められたものではありませんでした。その第一章の一節を読んでみたいと思います。

終戦の翌年、母が死んだ。母の死は、非常に私の心にこたえた。それに比べると、戦争という大事件は、言わば、私の肉体を右往左往させただけで、私の精神を少しも動かさなかった様に思う。（中略）戦後、初めて発表した『モオツァルト』も、戦争中、南京《なんきん》で書き出したものである。それを本にした時、「母上の霊に捧ぐ」と書いたのも、極く自然な真面目な気持からであった。私は、自分の悲しみだけを大事にしていたから、戦後のジャーナリズムの中心問題には、何の関心も持たなかった。

（『感想』）

『モオツァルト』は、小林秀雄の代表作ですが、彼はこの作品を母親が生きているうちに南京で書き始めた。しかし、完成したのは母親が亡くなった後です。「『母上の霊に捧ぐ』と書いたのも、極く自然な真面目な気持からであった」との一節は、彼には母親こそが、最初の身近な死者だったことを物語っています。これまでもモーツァルト（一七五六—一七九一）論を書こうと思ってきた。しかし、母親を喪ってはじめてモーツァルトの音楽の秘密がわかった。モーツァルトの音楽は、死者の音楽である。死者が奏で、モーツァルトという器を通じて出てきたということが、はじめてわかった、というのです。もう少し続けて読んでみます。

母が死んだ数日後の或《あ》る日、妙な体験をした。誰にも話したくはなかったし、話した事はない。尤《もっと》も、妙な気分が続いてやり切れず、「或る童話的経験」という題を思い附いて、よほど書いてみようと考えた事はある。
『感想』

「母が死んだ数日後の或る日、妙な体験をした。誰にも話したくはなかったし、話した事はない」、ここは読み過ごしてはならないところです。死者としての母親に会った経験は彼の人生を決定する出来事だった。しかし、小林秀雄はそのことを誰にも話さないできた。また、話したくもなかったのである、というのです。彼は、死者の存在をめぐって論議しようなどとはまったく思っていない。むしろ、他者が認めてくれなかったとしても、自分の経験の真実味はどうしても打ち消しえない。自分にとって切実な経験というものはいつもそうしたものではないでしょうか。

論じえる問題のみが重要な問いとなるとはかぎらない。論じえない問題こそ私たちの根底を支えている。人に言えない問題、また、言う必要を認めない問題こそが、みなさんのなかで大きな役割を演じているのではないでしょうか。

慄くということ

二〇一二年三月に『魂にふれる　大震災と、生きている死者』と題する死者論を書きました。この本を最初に、また、じつに深く読んでくれたのも中島さんでした。また中島さんも震災後ほどない時期に、新聞を通じて死者論を書いている。これは私たちが記憶するべき事実です。そのことを私は知らなかった。

震災から数カ月後、安藤礼二《れいじ》さん（一九六七―）との公開対談をおこなったとき、中島さんが北海道から聞きに来てくださった。そこで八年ぶりに中島さんと「再会」したわけです。

このとき私はまだ『魂にふれる』を書き始めていなかった。だからこそ、死者に沈黙する世の中に憤りにも似た思いをもっていた。講演会のあとの中島さんも参加くださった打ち上げでその思いを話した。すると、私は死者のことを新聞に書きました、と中島さんが言うのです。後日、中島さんにその文章を送っていただき、その一文を読んだ。たしかにそこには「生きている死者」がはっきりと語られていました。

『魂にふれる』が刊行されると、さまざまな人に出会う機会に恵まれました。これまでに自分の周辺にいた人々とは考え方が大きく違う人々もいます。「死者なんていない」という人も少なくない。そうした人々と話していて興味深かったのは、彼らは、死者を感じえないという自分の感覚をなかなか疑わないことです。また、自分の考えが間違っているかもしれないという可能性も容易には認めない。それればかりか、あまりに強く死者の不在、あるいは生者との関係を否定する人は何か怯《おび》えているようにも感じました。

死者を否定する人々は、本当の意味で慄《おのの》くこともありませんし、安堵《あんど》することもない。ただ、不安におびえている。さらにいえば慄く前に否定してしまう。

人は誰も、既知の考えを揺るがすような言葉に出会うと不安を覚える、それは当然です。ときには恐ろしい感覚に包まれるかもしれない。そうだからといって、その言葉が偽りだということにはなりません。もう少し、小林秀雄の文章を読んでみます。

思い出となれば、みんな美しく見えるとよく言うが、その意味をみんなが間違えている。僕等が過去を飾り勝ちなのではない。過去の方で僕等に余計な思いをさせないだけなのである。思い出が、僕等を一種の動物である事から救うのだ。記憶するだけではいけないのだろう。思い出さなくてはいけないのだろう。多くの歴史家が、一種の動物に止まるのは、頭を記憶で一杯にしているので、心を虚しくして思い出す事が出来ないからではあるまいか。

（『モオツァルト・無常という事』p.75-76）

ここで小林秀雄が「思い出す」と言っていることは、過去を懐古《かいこ》する、ということではありません。少し難しい話になりますが、プラトンのいう「想起」です。プラトンは、真理や真の道を知ることは、発見ではなく、すべてを想い出す（想起する）ことである、と言いました。私たちは物事を新しく知ることなどない。すべてを想い出すことなのだというのです。想起の思想、もっというと想起の経験が古代ギリシャ哲学の根本をなしている。ギリシャ哲学にかぎらない、哲学の根本をなしているといってよい。死者論を考えるとは、形而上学の発生の地点にさかのぼることにほかならないのです。

わが死民

歴史にかえる。ここでの「かえる」とは、回帰することではなく、むしろ、過去と今をつなぐ行為です。「住還」という言葉があるように、「還る」という言葉には往き来できる、ということが含意されています。

震災後、問題はいっこうに解決されないばかりか混迷を深めている。私たちはしばしば、目の前に現象だけを見て、その奥で起こっていることを見過ごしている。震災後の問題に向き合い、対処し、それを根本的に解決しようとするときどうして、現代人は歴史に還ろうとしないのでしょうか。

水俣病という未曾有《みぞう》の公害事件に直面したとき、石牟礼道子をはじめとしたある一群の人々はまず、足尾銅山事件に還っていきました。田中正造《しょうぞう》（一八四一―一九一三）や荒畑寒村《あらはたかんそん》（一八八七―一九八一）といった、足尾で苦しんだ無名の人たちの声を拾い上げた者たちの叡知を借りて、石牟礼道子は『苦海浄土　わが水俣病』を書いた。震災が起こり、原発の問題がより深刻さを増すなか、なぜ私たちはもっと深く、根源的な意味で先人の境涯に学ぼうとしないのでしょうか。

「私の死者」とは誰か、と尋ねられたとき脳裏に浮かぶのは肉親や本当に親しい知人、あるいは敬愛する先達かもしれません。しかし、石牟礼道子は応えない。彼女は「わが死民」といいます。

死者は単数でもありえる。しかし、「死民」はいつも複数、それもとめどない、大きさの見えない共同体が浮かび上がる。「わが死民」と彼女が書くとき、それは、自分が直接的に知っているか否かは二義的な問題にすぎなくなる。未知の、累々《るいるい》たる死者たち、その思いを自分は背負って今ここにいる、というのが石牟礼道子の生き様です。

一九六九年、石牟礼道子は、『苦海浄土　わが水俣病』を刊行する。この作品は九年の歳月を費やして書かれている。国が水俣病を公害病であると認めたのは一九六八年です。

作品が結実するのと反比例するかのように、彼女の肉体は病に苛《さいな》まれる。この作品を、彼女は文字どおり身を削って書いた。わが身を捧げてまで作品を書く根本の動機は、その言葉がいつの日か、未知の読者によって読み解かれることへの深い期待です。書き手は自分がどんなことを書いたのか、その全貌《ぜんぼう》を知らないのです。言葉は、読まれることによって完成する。

最後に申し上げたいのは、「読む」ということの創造性です。「読む」という行為のなかでみなさんが感じていること、それをみなさんが深く認識することは、世で語られているよりずっと創造的な営為なのです。また、「読む」とは、それを書いた者と出会うことです。

「読む」とは、言葉である死者にまみえることだともいえる。別な言い方をすればみなさんが心のなかで死者を感じるということ、それだけで十分創造的な営為なのです。

さらにいえば、みなさんが真剣に隣人と死者を語ること。それだけで大変創造的な営為《えいい》なのです。創造的と申しますのは、単に何かをつくることではありません。その営みを契機《けいき》に私たちは真理に近づくことができる、ということです。

N『人間・この劇的なるもの』

多弁という名の失語症

なぜ「死者」なのか。本気でこの問題を考えなければいけないと思ったのは、3・11の震災でした。3・11のとき、僕はキューバにおりました。地震から十日くらいたった後、日本に帰ってきて、テレビをつけたわけです。そのときに、僕は唖然《あぜん》としました。

それはどういうことだったかというと、日本全体が多弁という名の失語症に陥っていると思ったのです。言葉を失っているがゆえに言葉が乱発されているという感覚を、僕はそのとき受けました。

あふれかえっていた言葉が何だったかというと、ひとつは「がんばれ」でした。「がんばれ東北」「がんばろう日本」。「がんばれ」。いろいろな人が傷つくかもしれないと思いながらこの話をしているのですが、僕の正直な感想は、「みんなよく『がんばれ』と言えるな」というものでした。僕たちが他者から「がんばれ」と言われて嬉しいとき、「がんばろう」と思うときはどんなときか。たぶん先の目標がみえていて、その目標に向かって進んでいるという自覚があるときだろうと思います。

しかし、被災された方たちは、ただ茫然《ぼうぜん》と立ち尽くしているように僕には見えました。自分の身内がまだ行方不明。あるいは、目の前で流された人がいるかもしれない。家もなくなってしまった。今日の食事をどうしよう。

すべてがわからない、茫然と立ち尽くしている方たちに、本当に「がんばれ」と言っていいのだろうか。それが僕の正直な気持ちでした。

そして、集中砲火《ほうか》のように「がんばれ」と言い続けるのは、僕たちの側が言葉を失っているからだと、あるいは、想像力が失われているからではないかと思いました。

自分のダルマを果たす

二〇一一年は一年間、共同通信で「論評二〇一一」という欄を担当していました。毎月、時事的な話題にふれながら、自由に考えを述べてもよいという欄で、かなりの字数の枠をいただいていました。そこに三月にあったことについて書く期日が、数日後に迫っていました。それがどれほど恐ろしく、かつ僕に与えられたとても重要なことか。そのことに僕は慄きました。なぜなら共同通信の記事は、地方紙に掲載されるからです。つまり被災地の体育館で呆然《ぼうぜん》と立ち尽くしている人たちのところに、紙面が届くのです。自分は、そのような場所で、如何《いか》なる言葉を発することができるのか。僕は緊張しました。

インドではよく「ダルマを果たす」という言い方をします。「ダルマ」というのは「法」と訳しますが、これは「民法」や「刑法」のような実定法のことではありません。宇宙全体の法則の総体のことで、その中には「役割」や「義務」という意味も含まれます。つまり、「ダルマを果たす」というのは「宇宙全体の中で自己に与えられた固有の役割を果たすこと」を意味します。その役割を、あらゆる存在が自らの場所（トポス）において果たし合うことで、有機的な世界が成立していると説くのが、ヒンドゥー教の教えです。震災のとき、「おまえのダルマはいったい何なのか」という問いが、ふと自分のなかに浮かんできました。

そして、ひとり情報から離れて部屋に籠《こも》り、今語るべき言葉について考え込む人間がいてもいいのではないか、と思ったのです。それがもしかしたら、僕のわずかなダルマなのかと思いました。

そこで、自分の部屋に籠り考え込みました。そのときにまっ先に頭に浮かんだのが、死者の問題でした。被災地の人たちは何に呆然としているのか。僕は、ここで問われていることは「死」の問題ではなく「死者」の問題だと思いました。つまり、一人称の死への怯えよりも、二人称の死というものをどう受け止めたらいいのかわからないというのが、彼ら・彼女らの茫然とした姿なのではないかと思ったわけです。

死者と出会い直す

僕にとってとても大切な人が三年前に亡くなりました。彼は、白水社という出版社の編集者で、須山さんという人でした。僕の『中村屋のボース――インド独立運動と近代日本のアジア主義』（白水社、二〇〇五年）や『パール判事 東京裁判批判と絶対平和主義』（白水社、二〇〇七年）という本をつくってくれた人です。

彼とは、仕事をする以前からいろいろなつきあいをしてきました。彼とは何百リットルの酒を一緒に飲んだかわからないくらい、よく一緒にいました。ものすごく長い時間をともに過ごし、いろいろな話をしてきました。そんな彼が亡くなりました。僕にとってはすごい喪失感があり、茫然となりました。

しかし、亡くなってからどれほどの時間がたってからかはっきりとは覚えていませんが、僕がある原稿を書いていたとき、締め切りが近づいていたので、「息切れしているけどこれくらいでいいや」と思い、パソコンで書いた原稿を出版社に送るメールを書いていたときです。ふっと彼のまなざしを感じたのです。

「何なんだろう?」と。そう思った瞬間に、その原稿を送れなくなりました。「もう少し、ちゃんと書かなくてはいけない」。そう思い直し、原稿に手を加え、それなりに自分で納得できるレベルにもっていき、原稿を送りました。

その瞬間に思いました。「僕は彼に出会い直した」と。

彼が亡くなって、そして彼のまなざしを感じるようになったときに、生きている者同士の僕たちの関係と、亡くなった彼と生きている僕との関係は、また少し違う関係になったことに気づいたのです。つまり「生者―生者」の関係と「生者―死者」の関係は、異なるということです。

これは、喪失ではなく、出会い直したと思いました。彼との新しい関係が始まったと感じました。彼が生きているときに、彼の存在が「よく生きること」や「しっかり頑張ること」を支える倫理的存在だったことはありませんでした。そんな倫理的な話なんて、彼と一度もしたことがありませんでした。しかし、彼が死者となったとき、彼は私にとって別の存在になりました。これは喪失ではなくて、出会い直しです。彼は存在しないのではなくて、死者となって存在しているのです。そして、生者同士のときとは違った関係がスタートした。ならば僕は、この死者と一緒に生きていけばいい。それが、そのとき思ったことです。

そして死者とのあいだで交わされるのは、僕たちが日常使っている「言葉」を超えた「コトバ」です。意味の会話です。それを若松さんは音やにおいも「コトバ」になるとお書きになられています。そういう会話というものが、生者と死者とのあいだの言葉の問題なのだとそのときに思ったわけです。

人間は常に二重に生きている

ジャン＝ジャック・ルソー（一七一二―一七七八）は、人間のコミュニケーション、とくに近代人のコミュニケーションは、外面（彼は「外観」という言葉を使いました）のつきあいで、本当の心は別のところに存在する。この本当の心と外観世界のあいだにはヴェールがかかっていると考えました。だから近代人は他者から疎外されているのと同時に、自己から疎外されている。本当の心と心のつながりが、「障害」によって切断されている。だから、心にヴェールがかけられる以前の「未開人」は「高貴」な存在だ。子どもも古代人も、他者とのあいだに透明な関係を築いており、すばらしい。自分も透明な共同体の中に生きたい。そう考えました。

これはルソーのはまり込んだ問題であり、近代の人間というものが陥ってしまうどうしようもない人間観だと思っています。ルソーだけの問題ではなく、ほどなく多くの近代人が戸惑う「本当の自分」問題です。

僕自身も二十歳ぐらいのころは、こういう問題を内面的には抱えていました。自分は今にここにしているけれど、腹の中で違うことを考えているということが自分にとって非常に不正義であるように感じる瞬間がある。若いころは、それを抑え切れずに、問いつめてしまうわけです。

そんななかで読んだのが、福田恆存《つねあり》でした。福田恆存はルソーのような思考こそが間違っているといいます。そもそも人間は分断された存在である。何かの役割を意識的に演じながら生きる「演劇的存在」である。それが人間の本質である。そう福田恆存は言い切っています。どういうことなのか。福田の文章を少し読んでみたいと思います。

私たちは多少とも自己を偽らなければならぬのである。耐えがたいことだ、と青年はいう。自己の自然のままにふるまい、個性を伸張せしめること、それが大事だという。が、かれらはめいめいの個性を自然のままに生かしているのだろうか。かれらはたんに「青春の個性」というありきたりの役割を演じているのではないか。私にはそれだけのこととしか思えない。個性などというものを信じてはいけない。もしそんなものがあるとすれば、それは自分が演じたい役割ということにすぎぬ。他はいっさい生理的なものだ。右手が長いとか、腰の関節が発達しているとか、鼻がきくとか、そういうことである。

また、ひとはよく自由について語る。そこでもひとびとはまちがっている。私たちが真に求めているものは自由ではない。私たちが欲するのは、事が起るべくして起こっているということだ。そして、そのなかに登場して一定の役割をつとめ、なさねばならぬことをしているという実感だ。なにをしてもよく、なんでもできる状態など、私たちは欲してはいない。ある役を演じなければならず、その役を投げれば、他に支障が生じ、時間が停滞する――ほしいのは、そういう実感だ。

（『人間・この劇的なるもの』p.16-17）

つまり、彼は分断というものを自覚的に生きようというわけです。人間は常に演劇的な動物である。その場所において父であること、子どもであること、あるいは、先生であることなど、さまざまな役割を演じながら生きている。そして、演じているという自覚をもっている自己がもうひとりいる。これによって自己確認するトポス的動物が人間である、というのです。ルソーのように「本当の自分」と「演じている自分」が切り離されていることに絶望するのではなくて、「この自己」が「演じている自分」を味わい尽くすこと。そんな演劇的な生き方というものが、人間の本質的な存在のあり方である。だから、私たちには、必然をもたらしてくれる「役割」こそが重要なのだと言っています。

言葉に所有されている

ヒンディー語には与格構文という構文があります。たとえば日本語で「私はあなたを愛している」と言ったとき、主語は「私は」です。ヒンディー語ではまず、「私に」から始まります。「私に、あなたへの愛が宿った」という言い方をするのです。

ですから、私はあなたの性格を分析し、私の好みに合致するから好きになりました、ということではなく、私のあなたへの愛は否応《いやおう》のない事象なのです。どうしようもないわけです。「あなたへの愛は、私にやってきたもの」だからです。そして、私にとどまっているという表現をとります。

さらに、ヒンディー語では、「私は、ヒンディー語を話すことができる」は、「私にヒンディー語がやってきてとどまっている」という言い方をするのです。「私」という主体が言語というものを能力によってマスターし、それによって私が主体的に言語を話しているのではないのです。「私」という器に言葉がやってきて私にとどまっている、という言い方をヒンディー語ではします。

では、言葉はどこからやってくるのか。それは、過去からであり、死者からです。過去や死者からやってきて、私にとどまり、そして私の中を風のように通過してこの口を伝って言葉が出ている。そうとしか思えない、ということがヒンディー語の言語構造の中に与格構文として組み込まれています。ヒンディー語を勉強し、そのことを知ったときに、さすがインドだなと思いました。

僕は何かを話しているときに、慄くときがあります。なぜかというと、僕が話している日本語は、死者からやってきたもので、僕が所有しているわけではないのです。つまり、僕が話しているとき、喉元《のどもと》に死者がいるわけです。僕の言葉は死者が紡いできたものです。それが私という器を通過して、今、口から発せられている。としたら、ここに死者がいるとしか思えないわけです。これはいったい何なのだ?　と思ったときに僕は慄きます。

そして僕は、「ここに死者がいる」と思ったとき、慄くとともに、少しほっとするのです。人間は誰ひとり単独の存在ではなくて、死者や過去とつながり、大きな生命の器として存在しているのです。私が命を生きているのではなくて、命が私を生きているのです。

福田という人がこだわったトポスの問題、言葉の問題は、「死者」という一点でつながっています。僕たちは死者とともに生きています。そして、そのことを言葉によって味わうことが重要です。

福田は、全面が舞台になってはいけない、演じているということを味わう主体がいなければいけない、と言いました。すべてが舞台化してしまうと、「役割を演じる」主体が存在しなくなり、最終的に自己が崩壊してしまう。常に「演じている主体」と「味わう主体」の二重に生きていなければいけない。それが一重になったとき、人は根源的に自己から疎外され、舞台から飛び降りなければいけなくなってしまう。つまり自己が自己に耐えられず、自殺してしまうことになる。だから、僕たちには楽屋が必要になる。舞台と楽屋の二重構造を確保しなければならない。これが、福田恆存が考えたことでした。

そして、僕たちは楽屋で死者からの言葉を受け継いでいく。その言葉は「コトバ」を含みます。僕たちは舞台の上で「言葉」を発しながら、楽屋において「コトバ」を生きている。その両方が、死者とつながっている。言葉は常に過去からやってくる。死者からやってくる。

福田恆存は、言葉のあり方を通じて、「死者」とともに生きた人でした。今こそ、彼の説いた「演劇的存在のあり方」を見つめ直す必要があるのではないかと思っています。

「死者」を生きる

「死者」は記憶ではない

中島　先ほど、本の中で線を引いているところが同じだという話がありましたが、本当にそうなのです。僕も繰り返し引用し、何十回も読んだところが、若松さんの越知保夫論（『小林秀雄――越知保夫全作品』所収）で出てきます。

ひとつは、『感想』というベルクソン論の冒頭です。小林秀雄はこれの続きのところで、酔っ払って水道橋の駅から落っこちるのですが、奇跡的に助かり、そのときに電灯の明かりを見たらそれが「おっかさんだ」と言い始めます。その体験を言語によって語るのであれば童話的にしか語れない。そのときに、私たちにとって本当の言葉とはいったい何なのか？　という問いが、彼のベルクソン論だった。しかし、小林はこの議論を『感想』では、完成することができなかった。

もうひとつが、『無常という事』の終わり、やはり先ほど若松さんが引用されたところです。

僕はこの箇所を何回読んで、どう線を引っ張ったのかわからないくらいぐちゃぐちゃになっています。ここで小林が言っていることは、つまり、「思い出」と「記憶」は違うということです。記憶で頭を一杯にしているから、歴史学者というのは歴史が見えない。そうではなく、「思い出」というものが重要だというわけです。このときの「記憶」と「思い出」の区別によって小林秀雄は何を言おうとしているのか、ということが、重要な死者論のポイントだと思っています。

それは、「思う」という観念は自分の所有物なのか？　ということです。このことについて「この方は僕と同じことを考えているんだな」と思ったのは、いとうせいこうさん（一九六一―）です。いとうさんが最近『想像ラジオ』という小説を出しました。

「想像」というのは不思議な現象です。「想像しよう」と思うときはありますが、その「想像」はままならない。自分が思ったように想像などしておらず、想像というのは、自分の思っていないことが頭のなかでどんどん展開されていくものです。そのときに僕は、慄きと安堵を感じるわけです。

つまり、僕自身は想像を所有していないということです。「想像」というものは、僕の彼方からやってくるもの、与格的なのです。「思い出」は、自分の中にとどまっている何かにアクセスすることです。「思い出」と小林秀雄が言っていることは、何か自分にままならないかたちで宿るものなのだと思います。その源泉は何かというと、彼方であり死者という問題であり、それを全体として小林秀雄は「歴史」と呼んでいるのだと思います。このような感覚が、小林秀雄を一貫させた重要なポイントではないかと思います。

若松　「死者」は、本当に今、きわめて重要な問題です。「死者」はけっして生者の記憶ではないと思うのです。

このことをめぐってある学会に出て講演をしたら、強い反発を食らったことがあります。死者、死者というけれど、死者はすなわち生者の記憶ではないか、というのです。死者は生者の記憶のなかにあるイメージで、覚えている人がいなくなれば死者もいなくなるではないか、というのです。それは違うと思うと私は応えました。生者が覚えているかいないかは死者の存在とはまったく関係ない。私たちが忘れたとしても死者は実在する。もっといえば、生者が死者のことを忘れたとしても、死者は私たちのことを忘れない、というのが死者だと思います。

その集まりのときに印象深いことがありました。死者は生者の記憶だという意見に対して、思わず「違う!」と机を叩くようにしながら反対意見を言った人がいたのです。それが末木文《すえきふ》美士《みひこ》さん（一九四九―）でした。末木さんは現代日本を代表する仏教哲学者であり、先駆《せんく》的な死者論者です。私は、敬愛しているだけでなく、その思想に強く影響を受けています。

ここでの「記憶」は、個々の生者の意識現象です。人類の記憶ということとは違います。人類の記憶は「歴史」そのものです。一方の小林秀雄のいう「思い出」は個の記憶にとどまらない人類の記憶に開かれているものです。「思い出」は訪れるものであり、宿るものであり、私はやはり「死者からの呼びかけ」だと思います。リルケ（一八七五―一九二六）は生理的な意味での「記憶」ではなく、「回想」という流れこそ大切なのだといいますが、同じことです。「記憶」と「思い出」あるいは「回想」は根本的に違います。

死者を所有してはいけない

中島　死者というのは、どうにもこうにも「ままならない存在」だということがとても重要なことだと思います。僕たちは予定調和的に死者と関係があるわけではなく、意図せずして死者はやってくるわけです。この「ままならなさ」をどのように引き受けるのか、ということが死者の問題なのです。

ですが、死者を語り始めると、死者を所有しようとする人が出てきます。死者論のインフレが起きると、「自分は死者の声がわかる」「死者の思いは○○だ！」と断言し、他者をコントロールしようとする人が出てくるわけです。霊能者のような者。そして歴史修正主義者のような者。私たちは、彼らとは真逆のこと、もっとも遠いことを言っているはずです。死者の声を一元的に所有できると思っている人たちを断固として拒否するのが、僕たちの死者論です。

それだけ死者というものは、ままならないものだということです。これから死者論はどんどん出てくると思いますが、僕は、その大半はインチキなものになるのではないかと思います。それが怖い。死者を恣意的《しいてき》に所有できると思う人たちに、死者を語る資格はない、というのが、僕の思いです。

若松　同感です。シベリア抑留の詩人、石原吉郎《よしろう》（一九一五―一九七七）が同じことを言っています。シベリア抑留で、隣人が自分のまわりでどんどん死んでいく。そのなか彼は生き残って帰ってきた。彼は優れた作品をいくつも書きながら、死者のことは語らずにいました。それが晩年の数年、集中的にきわめて深い情感をもって死者を謳《うた》い、死者を語りました。

彼は言います。「死者に代わって告発するのだというかもしれない。だが、『死者に代わる』という不遜《ふそん》をだれがゆるしたのか。死者に生者がなり代わるという発想は、死者をとむらう途すら心得ぬ最大の頽廃《たいはい》である」（「三つの集約」『海を流れる河』、花神社、一九七四年）。彼の遺言のような言葉です。本当に苦しんだ者は帰ってこなかった。その苦しみを知らないではないか、死者が実在するということと、生者が死者のふりをして語るということは、真逆のことだというのです。

中島　ですので、僕もあまり須山さんの話をしないようにしています。若松さんの『魂にふれる』が出て、いくつかの書評を見たとき、若松さんの亡くなられた奥様の話から演繹《えんえき》的に書いている人たちがたくさんいました。ですが、僕の感覚としては、それは少し違っています。若松さんもできれば書きたくない、語りたくない。語った瞬間にその言葉から体験が離れるからです。

けれども、その体験を語ることでつながることができることもあると思うので、あえて語っているだけで、本当は、僕は彼のことは語りたくないのです。僕が語れば語るほど、その体験との距離が生まれるからです。それが、小林秀雄が言った「童話的」ということです。どうしても体験は言葉からこぼれ落ちる。

また、死者の問題を情緒の部分で受けとめられることも、それもまた困る問題です。「あぁ、あの人はそういうつらい思いをしたから、死者のことを語りたがるのだ」と思われるのに対しては、そうではないと言いたい。もちろん個別的な体験に依拠《いきょ》していることですが、それは個別の中に埋没する現象ではない。普遍的な構造としての死者という問題があるのではないかと思っているのです。

若松　優れた死者論の特徴をあえて構造的に言いますと、語りが個にとどまっていないという視座がとても大切だと思うのです。

たとえば、上原専禄《うえはらせんろく》（一八九九—一九七五）も奥さんを亡くされ死者論を書きます。彼の死者論は、自分の妻の死者の感覚から始まりましたが、自分にはどうしても広島、長崎、アウシュビッツ、アルジェリア、ベトナムのソンミ、南京、沖縄、あるいは大空襲下の東京、そこで亡くなった死者というものがまざまざと現れてくるといいます。その人たちのことを我々は忘れていいのかと問うのです。

妻の死という個別な経験に根をおろしながら、上原のなかで、どんどん死者を捉える時空が広がっていく。そして、近代の死者たちをすべて背負うかのごとく、彼は死者論を展開していきます。それは、『夜と霧』を書いたヴィクトール・フランクル（一九〇五―一九九七）も同じだと思います。また、まったく違う世界では、画家ピカソ（一八八一―一九七三）やリルケも、やはりそういった優れた芸術家たちは、個の死者的な経験から始まるのだけれど、どんどん普遍の世界に開かれていく。これが本当の死者論者の姿ではないかと思います。

歴史観は「歴史を知る」邪魔になる

中島　これが僕にとっては、歴史を知るということだと思っています。石牟礼道子さんが水俣の問題に直面したときに、田中正造を見つめたように、僕自身は秋葉原事件が起きたとき、『朝日平吾の鬱屈』（筑摩書房）という本を書きました。一九二一年に安田財閥のトップを暗殺した朝日平吾（一八九〇―一九二一）という青年のことを書きました。もちろん死者です。つまり、いま起きていることというこというものを何とかして自分なりに内在的に受けとめようとするならば、それは、歴史というものに目を向けざるをえない、死者に遡行《そこう》しなければならないというのが僕の感覚でした。

それは、一般的な「歴史から教訓を」というものとは少し違います。ビジネスマンが織田信長の生き方から何かの戦略を学べ、という話もまた僕の感覚からは遠い話です。歴史の出来事を並べることとも違います。そうではありません。そこが、小林秀雄が苛立《いらだ》ったところです。

みんな、「記憶」に頼ろうとしている。そうではない。「思い出だ」というわけです。3・11以降、やはり本当の意味で歴史＝死者に遡行していかなければいけないと思っています。だから、いま同時多発的に石牟礼道子がひそかに読まれ、同時多発的に原民喜《はらたみき》（一九〇五―一九五一）が読まれている。この見えないネットワークが、いずれ現前すると思います。

若松　歴史に我々が直接触れ合うとき、一番邪魔をするのが「歴史観」です。歴史観は移ろいやすいものです。時代の変遷《へんせん》にしたがって変化する。しかし、「歴史」自体は変わらない。動いているのは人間なのです。同じことは生命と生命観にもいえます。本当の意味での歴史観、生命観は、見解や意見であるよりも、手応えのようなものだと思うのです。歴史にふれる、生命にふれる、その経験それ自体が重要だと思うのです。

こういってしまうとまた不用意に敵をつくるのかもしれませんが、生者と死者のあいだを邪魔しているのは現代の宗教だと思っています。私はカトリックです。ですので自身の立つ場を批判するという意味であえて、そう言いたい。イエスをメシアとして信じるかどうかはそれぞれの立場がある。でも、彼もまた死者の一人です。死者イエスとの邂逅《かいこう》は万人に開かれている。釈迦も同じだと思います。今日の宗教は、教義のなかに教祖の言葉、存在、生涯を押しこめる。

死者に出会おうとするならば、我々は宗教の助けは必ずしもいらない。ましてや霊能者の助けなどいらない。死者に「電話」するのに交換手は必要ない。死者との関係はもっと直接的なものです。それは、ときに他者と容易には分かち合いがたい出来事ですが、切実な経験です。ただ、真実であると確信される何ものかです。また、生者と死者は、言葉で語らずとも相手とつながりあうことができます。言語はコトバの影かもしれない。コトバとは現代人が考えているよりももっと重層的な存在なのではないかと思うのです。

中島　首相の安倍さんが官邸に住まないのは、幽霊が出てくるのが嫌だからだという報道がありました。このニュース自体の真偽は、怪しいのかもしれません。安倍さんが官邸に住まないのは、別の理由のほうが大きいのでしょう。しかし、このニュースを耳にしたとき、私は「なるほど」と思えてしまいました。

安倍さんは歴史問題について、右派的な見解をもっている人です。そのことをこれまで繰り返し主張してきました。しかし、安倍さんは歴史観の人です。だから、死者を恐れます。彼の語る「歴史」は、誰かが構築した「歴史観」なのです。

このことへの苛立ちと反発が、僕が『中村屋のボース――インド独立運動と近代日本のアジア主義』を書いたときの一番大きな原動力でした。『中村屋のボース』は、歴史観に反発しています。もちろん、右に対しても、左に対してもです。

『中村屋のボース』の中心は「かなしみ」という問題でした。歴史観では捉えきれない「ボースのかなしみ」をどのように捉えれば、アジアが僕たちの前に現前するのか。そういうことをひとりの男の物語を通じて書きたかった。

左派の人たちにとっては、「ボースは日本のファシズム、軍国主義と手を結びインドの解放をしようとした中途半端な革命家だった。日本ファシズムにおもねった革命家だった。だから、読むべき価値はない」という扱いです。一方で、右派の人たちは彼の存在を利用しようとするわけです。「ボースは日本の戦争を、アジアの解放のための聖戦だと考えた。だから、ボースと手をつないだ私たちの戦争は正しかったのだ」というわけです。

僕は両方に対して反発した。両方ともボースを語っているのではなくて、自らの歴史観を語っているだけだからです。これはボースの生涯を踏みにじっていると思いました。ボースの主体はそんなところにはありません。

ボースはそこでどのような複雑な葛藤《かっとう》を抱え、かなしみを旋回《せんかい》させたのか。小林秀雄的にいえば、彼は涙が追いつかなかった人です。そして、インドの独立も知らないまま、日本の原宿の片隅で亡くなっていった人でした。そのような人生を書くことによって、立ち上がってくる歴史というものを信じたくて、『中村屋のボース』という本を書いたのです。だから、テーマが「かなしみ」でした。そして、この話をわかってくれたのが、須山さんという人でした。

憲法は死者の声である

若松　知的矛盾の彼方にあるものを、近代は恐れている。現代人が「公」に語るとき、いろいろな出来事が、私たちの小さな知識、小さな理性、小さな精神のなかに収まるものであってほしいと願っている。しかし、それが個の立場になったとき、人は静かに人間を超えた何ものかに向かって祈ることがある。この矛盾のなかに真実がある。世の中には理性的認識だけでは捉えきれないものがある。むしろ、理性を超えているものによって私たちは支えられている。この矛盾のなかに芸術が宿る。哲学だってそうです。

おそらく、中島さんが現代において重用されているのは、「政治すら」ということだと思います。「政治すら」知的矛盾を突破したところから生まれなければならない。ガンディーはそれを体現する。中島さんは知的に論理が通るところを疑う。私も、論理的に整合性のあることに偽りを見逃さないのが叡知だと思う。「君の言っていることは理路整然としすぎていて、あまりに正しい。だから間違えている」ということです。「君の言っていることはまったく説得力がある。だから足りない」ということです。そういうところに私たちが立ち戻ることができれば、世界はずいぶん違って見えるのではないでしょうか。

だから、「愛する人を失って悲しい。君の人生はつらい」とはかぎらない。身が滅びるかと思うほどつらいけど幸せだということもあるのです。悲しみが深いからこそ、死者を近くに感じることがある。死者を自分の魂を感じるように、あるときはそれ以上に近く感じる。私はこうしたときにも幸福を実感する。耐えがたい悲嘆を通じてこそ、それまで見ることのなかった光を見た、とすら思います。


中島　僕は、死者論が、宗教や芸術や文学のなかだけで語られることに不満があります。「死者は特定の領域にしか存在しない」なんてことはありえないわけです。死者は遍在します。

僕は政治という現象を研究していますが、政治と死者の問題をどのように重ね合わせて考えるべきなのか、ということが、社会科学者がほとんどやってこなかった問題だと思います。僕はここに踏み込みたいわけです。それが、「死者のデモクラシー」であり、「死者の立憲主義」という議論です。

先ほど、憲法の話を若松さんが少しされました。僕は、憲法というものは死者の声である、というのが持論です。どういうことかといいますと、たとえばイギリスは成文憲法をもっていない国です。不文憲法です。しかし、イギリスは憲法の故郷だといわれています。つまり、憲法が明文化されていないのに憲法の祖国だといわれる。それは何なのかということです。

イギリスの憲法は三つで成り立っていると憲法学者はいっています。一つめは、過去に議会で決議・制定された法律の積み重ねです。たとえば、「マグナ・カルタ」も「権利の章典」などもイギリス人にとっては憲法の一部なわけです。時代状況が違いますので、時代に適合させながら秘伝のタレをつぎ足すように受け継いでいる。ずっとそれを積み重ねているのです。二つめが、判例の積み重ねです。三つめが「憲法習律」といいますが、国のあり方をめぐって積み重ねられてきた経験的慣習です。この三つの総合的なものが、イギリスの憲法です。

憲法を明文化しようという流れは、過去のイギリスでもありましたが、しかしそれは、イギリス人の賢明な知恵によって避けられてきました。イギリス人に間違いなく働いている感覚は、「コンスティテューションは本当に一部の人間によって言語化できるのですか?」ということです。

なぜなら、死者の言葉というものは、「コトバ」だからです。それを超えた慣習のようなものも含め、あるいは、マナー、エチケット、常識、のようなものを含めてイギリス人はコンスティテューションとしての憲法を想起しているのだと思います。そして、ある一時のあいだだけ生きている人間、その時代に限定された人間が、時間を超えて連なるイギリスのコンスティテューションを明文化できると考えることはおこがましい、という発想が、おそらくイギリス人のなかにあるのだろうと思います。

いま生きているあいだだけでこの国のコンスティテューションというものを描くことができ

るのか？　そこには、理性に対する思い上がりがあるのではないか。とするならば、理性を超えた積み重ね、社会的経験知のようなもの、つまり死者の声の総体を我々の不文の憲法としよう、という覚悟が、イギリスの叡知なんだろうと思います。

だから、イギリス人は憲法を明文化しないかたちで、立憲主義を貫徹している。僕は、それが憲法の本質であり、僕たちが憲法と向き合うということは、死者と向き合うこと、小林秀雄がいう歴史と向き合うことにほかならないと思うわけです。

いま行われている「文言を○○に改正すればよい」という手段的政策論ではなく、それを生み出してきた日本列島を含む人類の叡知というものと、僕たちはどのような呼応をするのか、交わるのかが、憲法論でなくてはならないと思います。

そのような「過去との地平の融合」を起こしていくことが「憲法を守る」または「憲法を改正する」という作業だと思います。僕は、憲法を今のままずっとおいておけばいいとはまったく思っておりません。今ある言葉をずっとそのまま反動的に受け継ぐということは、特定の時代に生み出された価値や言葉を絶対視することなので、時代とともに変わらなければならないと思っています。その内容についてはいろいろ議論すべきだと思います。しかし、その議論するというプロセスが、私たちが死者を引き受けることにならなければいけない、ということが今の憲法改正論について言いたいことです。

若松　まったく同感です。憲法論も死者の視座を別にして語ることはできない。法こそ、生者と死者の協同の産物です。平和憲法は戦争で亡くなった人たちがつくってくれた。信教の自由は、宗教で迫害された人々によってもたらされたものです。誰がが亡くなることが新しい法律制定の契機になるのは今日でも起こっていることです。

憲法に関連して、もうひとつ考えてみたいことは、「読む」ということです。「読む」ということの創造性を信じられるとすれば、いま憲法改正論議の前に、最初にやらなければならないことは、憲法を読み込むということです。「読む」とは、見える言語をたよりに不可視な歴史をまざまざと見るということです。

「読む」ことの創造性が深く認められるなら、憲法の文字は今のままでありながら、新しい憲法として生まれ変わることすら可能である。「読む」ことと解釈することは違います。「読む」ことは、そこに書かれていることが生まれる場所、コトバの源泉へと接近することです。憲法学者は憲法を解釈する前に、「読む」ことの必要性を語ってほしい。哲学者には法とは何かを語る前に「読む」とは何か、その創造的な意味を語ってほしい。中島さんがいうように死者の言葉を引き受けるということは、すなわち「読む」ということです

そして、「書く」ということ。「読み」の経験を、個々が書くことです。誰かに読んでもらうためでなく、自分が何を見、感じ、考えたかを深く知るために「書く」ことをおすすめしたい。ノートにそのとき感じたことをほんの数行程度でよいので書いてみることです。自分を真に驚

かす言葉は自分から出るものです。憲法論を戦わせるよりも個々が憲法に親しむ。憲法を通じて歴史に参じるという経験が不可欠だと思うのです。

「いま」は過去と未来によって成り立つ

中島　G・K・チェスタートン（一八七四―一九三六）が言う「死者のデモクラシー」ですね。投票に行くのは、ここに限定された身体をもった私だけではなく、私の投票のなかに死者が含まれなければいけないと、チェスタートンは言うわけです。つまり私は歴史に問いかけ、死者と語り合い、そこで出した一票を投じる。それによって民主主義が機能する。

いま生きている人間の欲望、いまの利害関係だけによって何かを選ぶのは、歴史を阻害《そがい》することになるのではないか。やはり死者と語らうということ、あるいは、歴史を引き受けるということが、未来の他者とつながることにつながっているのです。歴史とつながらないと、未来の他者とつながれないのです。「いま」しかないからです。本当の「いま」は過去と未来によって成り立っています。僕は、これがとても重要なことだと思います。

インドに感心するのは、ヒンディー語の「昨日」という単語と「明日」という単語が一緒なのです。そして、「明後日」という単語と「一昨日」という単語が同じなのです。なので、明日のことを言っているのか、昨日のことを言っているのか、わからないときがあります。それは、動詞が過去形か未来形かで判断します。

「明日」のことを「カル」というのですが、「カル」と言われたら、それが、昨日なのか明日なのか確認しなくてはいけない。つまり、彼らの時間感覚は、現在からの距離なのです。過去というものと未来というものは、現在から見ると同じところにある。明後日も一昨日も同じところにある。死者の声を聞くということは、未来と語り合うことなのです。僕は、この時間観念を取り戻さなくてはいけないと思っています。

「いまでしょ!」が流行語になっていますが、「いま」だけを語っている人は、未来の他者と語れない人です。石牟礼道子さんが過去の田中正造の声を聞こうとしたときに、彼女が捉えたものは、未来の私たちです。『苦海浄土　わが水俣病』を書いたところから、3・11後の未来の私たちを捉えているわけです。

この地平の融合というものをずっと繰り返していくことが、僕たちが「いまを生きる」ということです。そして、これが小林秀雄のテーゼです。

若松　本当におっしゃるとおりだと思います。石牟礼道子さんだけでなく、水俣の叡知とは、「これから生まれてくる命のために私たちは何ができるのか?」という問いに尽きていきます。

世の中には、私のような者が「苦しみ」と書いたところで、とうてい語り尽くすことのできない深い苦しみを背負って生きている人たちがいる。彼らこそが未来を照らす光だと石牟礼さんはいうのです。光は苦しみから生まれてくる。闇の中から生まれてくる。闇は光そのものなのだ、ということは、水俣の問題に深く関わった人々の文章を読んでいるとわかります。石牟礼さんだけでなく、砂田明《あきら》さん（一九二八―一九九三）という演劇家もそうですし、緒方正人《まさと》さん、先だって亡くなった原田正純《まさずみ》さんも、もちろんそうです。

また、患者さんたちの言葉を読んでいますと、本当に真実の意味での未来をつくる人たちとは、こうした苦難を背負った人たちなのだと思います。

彼らはおそらく自身がどれほど大きな意味を世界に向けて示しているかを知らない。しかし、そうした無私の営みのなかに、本当に大切なことは生まれているように思うのです。また、彼らは自身が苦しみのなかにいながら、いつも死者のことを語ります。死者を感じながら語っています。

先日、石牟礼道子さんの講演会が九州でありました。うかがって大変感銘を受けました。石牟礼さんの言葉もすばらしかったですが、感動したのはいわゆる裏方の人たちです。本当にすばらしかった。そうした人々にお礼をお伝えすることができず、本当に忸怩《じくじ》たる思いですが、石牟礼道子さんをあそこに立たせた、何十人かの働いている表に出ない人たち――奇妙に聞こえるかもしれませんが、水俣病でいま苦しんで寝ている人々も含めてですが――その志が本当にすばらしいと思った。

講演が終わった後に、事務局を代表して、実川悠太《じつかわゆうた》さん（一九五四―）がご挨拶をなさいました。

後日同じ会場で水俣展をやる。東京でおこなったことはありますが、福岡ははじめてだというのです。その会場では、水俣で亡くなった人たちの遺影を飾る、みなさん、ぜひその方々に会いに来てほしいと言うのです。彼は本気で言っている。みなさんの来場を死者たちが待っている、どうか来ていただきたいと言う。彼は、みなさんがそこで写真を見るということは、本当に世の中をつくっていくことそのものなのだ、と言うのです。水俣展に行ってきた、写真がたくさん置いてあった、水俣病とは大変な出来事だった、というようなことにはならない、と言うのです。

実際にそこに行けば、行く前には考えも及ばないような出来事が内心で起こる。そうした経験だけが世の中を変えていくというのです。挨拶で、彼はそんなことをわざわざ言いませんが、彼の言葉にはほとんど無私の祈りのようなものを感じました。このような、本物の働き手がまだ日本にはいる。こうした人たちが、見えないところでちゃんと働いている。そのことにも励まされました。私は、明日福岡に行きます。福岡の水俣展は明日が最終日ですが、明朝東京を発《た》って、死者たちに会いに参ります。

中島　若松さんが繰り返し書かれていることですが、「読む」という行為は、「書く」ということより創造的であることが十分あります。書いているときよりも、読んでいるときのほうが創造的です。この「読み」を僕たちは粘り強くやっていかなくてはいけない。けれども、僕たちが学校で習うことは、「正しい読みがある」ということです。そんなものはありません。そんなものはありえません。大切なのは、読んだときに何が自分に接近してくるのか、です。

不意にやってくるままならないものと出会うことが、「読む」という行為です。地平が融合してしまう。そんな行為です。場合によっては危険な行為が「読む」という行為です。僕たちは、「読む」という行為を忘れているのではないか。「正しく読む」ことにこだわりすぎているのではないかと思います。

テキストは誰のものか。作者のものではなく、僕たち読み手のものだということです。そこではじめて作品というものは完成していきます。もっといえば、作品は完成しないものです。だから「読む」ことが重要なのです。

chapter four

第四章

近代の問い

『近代の超克』を読む

我々が「近代」から読み落としてきたもの、忘れてきたこと。そして現代という時代だからこそあらためて引き継ぐべき問いを蘇らせる試み

W 風評・悪評から離れて「読む」

まず、「近代の超克」とは何か、という問題を、いま一度整理してから本論に入りたいと思います。

ここで「近代の超克」というときは、一九四二年に行われた座談会とその参加者の一部が寄せた論考、その総体を指します。座談会には文学、哲学、科学の領域からだけでなく音楽、宗教など各界を代表する一三人が集いました。そのうち一一人が座談会の前後に論文を書いています。これらが一冊の本にまとめられて、一九四三（昭和十八）年に単行本として刊行されます。

『近代の超克』は、きちんと読まれないまま、強い批判にさらされてきた。参加者の一部が、以前に行われた座談会で発した言動に引っ張られた評価、認識になっていることは否めない。そうした論評のしかたは、今日から見ると、不当な、という感じさえします。

先行した座談会、というのは西谷啓治《けいじ》（一九〇〇―一九九〇）をはじめとした京都学派の人々によって、一九四一から四二年――「近代の超克」と同年――にかけて行われた「世界史的立場と日本」です。参加者たちは、当時、すでに世界大戦に参加していた日本の状況が、単なる一国の問題ではなく、「世界史」的な出来事となった、と語ります。『近代の超克』に寄せた論文でも、西谷は、次のように書いています。

わが国が現在直面してゐる課題は、いふ迄《まで》もなく世界新秩序の樹立と大東亜の建設といふ課題である。国家総力の集中、とりわけ強度な道徳的エネルギーが現在必要とされるのも、この課題を実現せんがためである。然《しか》るに大東亜の建設は、わが国にとつて植民地の獲得といふやうなことを意味してはならないのは勿論《もちろん》であり、また世界の新秩序の樹立といふことも正義の秩序の樹立の謂《いい》である。

p.32　西谷啓治）

こうした視座の発言が、大戦へのいっそうの参入を後押しした、とされ、のちに強く批判されることになります。戦後、西谷は公職追放されます。ここで西谷は、大東亜の建設と植民地政策は違うと明言しています。しかし、現実はそうはならなかった。哲学の理想を政治は一顧《いっこ》だにしなかった。まず、今日考えなくてはならない問題がここにあります。

ときに思想は、自分が何に参与しているかを見誤ることがある。あるいは、哲学者はときに為政者《いせいしゃ》もまた、省察の力をもっていると思い込む。もう一点、「大東亜」とは、原理的にアジアにおけるもっとも高次な意味での「文化」の相互的な関係の上に成り立つ新しい場でなくてはならなかったはずが、日本を中心とした政治的、経済的構造に変質してしまった。この事実は忘れてはならない。

そして、戦後三十五年が経過した一九七九年になって、竹内好《よしみ》（一九一〇―一九七七）が長文の解題を寄せ、再びこの本が公刊されます。このことが契機になって「近代の超克」に内包されている問題が再考され始めます。そこで竹内好が言及したのも、この座談会が、正当とは言いがたい風潮のなかで論じられていることへの異議申し立てでした。

竹内好は、魯迅《ろじん》（一八八一―一九三六）の優れた訳者として知られた中国文学の研究家であるとともに、近代日本精神史の優れた解読者でもありました。彼は、「近代の超克」が、「世界史的立場と日本」とはまったく性質を異にする、と明言し、「近代の超克」を主導した河上徹太郎（一九〇二―一九八〇）や小林秀雄といった『文學界』の同人が、「ファシズムの先棒《さきぼう》を担いだとする見方は、事実に合わない」（p.296）と指摘します。また、『近代の超克』には、世を強く動かす、「そんな力はなかった」（p.279）と述べ、戦後になって付せられた評価から離れたところで、同時代を生きた者として、その真意を再考しようとします。

しかし、「広い意味で『近代の超克』というときは、この両者（「近代の超克」と「世界史的立場と日本」）をひっくるめて考えていい」（p.276）とも書いている。この発言が、それまで竹内が丁寧に論じた問題を振り出しに戻した感があります。

ここは、竹内好を論じる場ではありませんので、長く言及することはしませんが、竹内もまた、誤解されやすい人物だった。竹内の視座、思想は、紋切り型の区分では把握できない。右派左派というような表層的な論理には収まりきらない人物でした。「近代の超克」論をめぐって竹内の見解も、同じ憂《う》き目にあいます。竹内の論考以降に書かれた、多くの「近代の超克」論は、彼の微細な時代感覚による認識を単なる事実の記述として読み、二つの座談会の根源的差異を見過ごしているように思われます。

　今回、戦後七十年を迎えようとしている今、中島さんと『近代の超克』を読む、という試みは、竹内の「読み」を深めようというわけではない。むしろ、竹内の見解からも自由になって、『近代の超克』で語られたことを、それまでの風評、論評からどこまでも離れて考えてみるということだと思うのです。

神の問題

N 神の問題をめぐる三つの立場

近代超克の問題が所詮《しょせん》「如何にして近代人は神を見出すか」の問題に帰することは、期せずしてこの度の会合の凡《すべ》ての人々に夫々《それぞれ》の意味で認められた如《ごと》くに思へたのは本懐《ほんかい》であつた。

（吉満義彦　p.82）

まずこの本を貫いている大きな論点として、近代というのはある種の全体性、宗教性を見失ってしまった時代であり、宗教的全体性を回復することが、「近代の超克」であるというポイントがあります。

近代合理主義が浸透する過程で、人々はトポス（自己が意味づけられた場所）を失っていきました。社会の有機的つながりは崩壊し、人々は孤独になっていった。断片化された個人は、社会の有機性を担保する超越的価値まで見失い、自己の存在意義を確認できなくなっていきました。

「近代の超克」論は、そんな近代社会を全体性・宗教性の回復によって乗り越えていこうという傾向性を強くもっています。

しかし、神を見出す、全体性の回復といったときに、各々の論客の論調、ポイントというのが大きく違い、そこで激しいつばぜり合いがあります。

代表的な対立は、吉満義彦（一九〇四—一九四五）vs西谷啓治の無の議論です。それに加えて、京都学派vs林房雄《ふさお》（一九〇三—一九七五）の「近代を通じた近代の超克」か「近代を否定した古代日本回帰」かという議論が入ってくるのですが、まずはそこから、みていきたいと思います。

◎無の立場

西洋近世の宗教性が、近世精神に統一を与へる力をもち得なかったのは、人間性の絶対否定即肯定といふことに欠くる所があったからである。

（p.22　西谷啓治）

宗教の徹底的な超越性が、かかる徹底的な内在性と相即し得なかったところに、近世西洋の宗教性の限界、及びその宗教性の行き詰りがあつた。この道を与へ得る宗教性は、東洋的な主体的無の宗教のみであり、そこは将来の世界とその世界の宗教に対して東洋的宗教性が荷《にな》ふ大なる意義があると思ふ。

（p.28　同右）

西谷は、西洋近代の世俗化が問題だったと述べています。ここでの「近世」という語を、我々は「近代」と読み替えてよいと思います。ここで西谷は、近代だけでなく、キリスト教（とくにプロテスタント）の構造自体に足を踏み込んでいって、批判をしていきます。

西谷は、近代西洋は否定の論理を見失ったことで、神から切り離された世俗世界を抱きしめてしまったと言います。西洋人は神を捨てたわけではありません。彼らは一貫して神を絶対視し、神への絶対的帰依《きえ》を強調します。しかし、一方で「神と人間性との矛盾」という二元論に立つために、神から分断された社会をどんどんと世俗化していきました。

これはウェーバー（一八六四—一九二〇）の『プロテスタンティズムの倫理と資本主義の精神』と共通する認識だと思いますが、宗教が個人的な価値となり、救いの指標が資本の蓄積へと還元される中で、「文化や歴史が世俗化して信仰を離れる」という現象が広がっていきました。神と個人は一対一の関係となる一方で、社会の宗教的・有機的なつながりは崩壊していった。結果、人々はトポスを失い、生きる価値や指標を見失っていきました。

西谷は、「神と人間性の矛盾」という二元論こそが、近代西洋において空虚な物質社会を拡大していった元凶だと考えています。結局、絶対者と人間は永遠に分断され、隔絶されてしまいます。両者が交わり、一体化することはありません。

それに対して西谷は、自分たちは主体的無の立場であるといいます。これは全体が否定による肯定によって一元化される世界観です。この世俗世界は多元的で有限的な存在です。あらゆる生命は、いずれ死にます。すべての存在は、同じ姿のまま存在し続けることはできません。やがて死に、朽《く》ち果て、姿を失います。私たちが「有」だと思っているものは、長い時間の中に置いてみると「無常なる存在」です。

「般若心経」には「色即是空」「空即是色」という言葉が出てきます。この世界の「色」は常に「無」であり、空虚な存在です。しかし、その「無」なるものは、この世界で「色」という固有の姿をもって現れます。西谷の見るところ、東洋的価値観の中では、「超越」は「一なる存在」ですが、それは多元的な姿をもってこの世界に遍在します。多と一は常に絶対矛盾しながら、究極的には同一の存在です。

西谷の強調する東洋的価値においては、「有」の世界に対して「すべては無だ」として、いったん否定しながら、「無」なる絶対的真理は「有」として現れると肯定し直します。つまり、「否定を通じた肯定」が重要な意味をもちます。ここから「無我の我」などの観念が出てきます。

神と人間の断絶に立つ西洋の二元論にこそ問題があり、一元的な主体的無という東洋思想こそが「近代の超克」の中核になるという議論です。

◎超越的な二元論の立場

近代人は無邪気な無信仰者ぢやない。信仰を失つた悲劇人なのです。そこで見失つた神を自意識を通じて再び見出さねばならない。それまでは救はれない不安を本質とする悲劇人なのです。
（p.185　吉満義彦）

自然的人間は宗教的人間と実存的に一である。自然に帰ること人間本性に帰ることが神に帰ることとならねばならぬといふのが僕の主張なのです。
（p.185　同右）

西谷をはじめとする京都学派の「無の立場」に対して、おいおいそれは違うぞ、と吉満が反発します。吉満は、「近代の克服」というのは、結局のところ普遍的統一原理というのをどう再現するかの課題であると言います。

しかしそれは近代だけの問題か？　と吉満は続けます。これは「永遠な人間性の課題」であって「精神史の形而上的課題の連続」（p.184）である。中世の問題も近代の問題もずっと連続しているというのです。

そして、京都学派は西洋的二元論の克服と言うが、そういう考え方には承服できないと言います。

無の立場を今仰《お》つしやるやうにミスティクの立場に通ずるものとする時には、そこに立派に有神論の立場が宗教体験として考へられ得るのではありませんか。
（p.198　吉満義彦）

無の立場といっても結局、超越的なものを前提にしているではないかというわけです。それが吉満の立場で、これはすごく重要な対立点だと思います。

◎古代日本回帰の立場

僕は文明開化といふのは、明治維新後に於《お》けるヨーロッパ文化の採用と、その結果としてのヨーロッパへの屈服であると思ひます。（中略）大東亜戦争がどうやら文明開化に一応終止符を打つたやうですが、まだ終止符の打たれてゐない文明開化論者は沢山《たくさん》日本にをります。

（p.239-240　林房雄）

明治維新とは何か、それは復古である。志士が頭に描いた典型は決してフランスでもアメリカでもなかつた。明治維新の志士が頭の中に持つて居つた原形は、日本の古代です。国民が天皇に直接し奉《たてま》つて居つた無階級の時代です。

（p.243　同右）

この議論に割って入るのが、林房雄です。林は教条主義的なわかりやすい図式で、ヨーロッパを完全否定、近代も完全否定、日本の古代に回帰すればいいという問題設定をします。日本の古代には一君万民《いっくんばんみん》の、みなが心と心で通じるような、神のままに生きている世界が成立していたのに、そこからどんどん堕落《だらく》の時代が中世、近世と続き、近代ヨーロッパが入ってきてボロボロにされている。だから復古しようという考えです。

そこに戻ることで和歌を通じて「やまとこころ」を取り戻し、蘇《よみがえ》らせていく。みんなが心と心を通じて、透明な共同体をつくっていき、その中心に天皇がいる、という図式なので、あらゆる近代的言説を批判していきます。近代を超克しろなんていっても、近代自体がだめなんだ、という調子です。

「神の問題」「全体性の回復」といったときに、おそらくこの大きな三つのモデルが示されていると思います。

W 近代を認識する想像力

できうるかぎり先入観をもたないように注意しながら本文を読んでみると、西谷らが語る「世界史」の射程に、また、その発言が生まれるところに根本的な異議を申し立てる人がいたことにすぐに気がつきます。それが先ほどから中島さんが言及されている吉満義彦です。今日、あらためて『近代の超克』を再考しようとするとき、吉満を中軸にして考える中島さんの視座は正鵠《せいこく》を射ているると思われるだけでなく、強く共感します。また、この座談会で吉満が果たした役割をいち早く評価していたのは批評家の中村光夫（一九一一―一九八八）だったことも、ここで指摘しておきたいと思います。

後年に書かれた自伝的作品『憂しと見し世』で中村は、吉満の発言は、時間がたったあとでも、なお問いかけることを止めない、と吉満の視座が時代に深く突き刺さりながらも、普遍を志向するものだったと述べています。中村も座談会に参加していましたが、一三人の参加者のなかでもっとも若かったということもあって、あまり発言する機会がなかった。しかし、今から振り返ってみると中村もまた、「近代」という問題をもっとも主体的に考え続けた人物だったことがわかります。彼は、座談会に合わせて寄稿した「『近代』への疑惑」の終わりにこう書いています。

> 僕等がある物や人に対する徒《いたず》らな心酔や畏怖《いふ》から完全に逃れるのはただその対象の本当の姿を判《は》つきり見極めたときである。これは個人の成熟の論理であるとともに、一国の文化の成熟の辿るべき現実の過程でもあらう。
>
> （p.164　中村光夫）

端的な言葉ですが、「近代の超克」という試みへの根源的な問いになっています。

当時、すでに中村はフランス留学を終えていました。彼にとってヨーロッパは羨望《せんぼう》の対象ではなく、経験だった。同質のことは吉満にもいえます。彼にもヨーロッパ留学の経験があったことは重要な共通点です。しかし、このことは単に留学経験の有無の問題で片づけることもできない。このとき西谷啓治も、すでにドイツへの留学を終えています。彼は一九三七年から二年間、フライブルクで哲学者ハイデガー（一八八九―一九七六）のもとで学んでいるからです。

ここで一点だけ述べておきたいのは、戦時中のハイデガーと西谷啓治の関係です。ある時期、ハイデガーは、ナチス・ドイツに接近したことがある。そのことを念頭に、「近代の超克」の西谷啓治をハイデガーに投影させてはならない、ということです。それもまた、とても皮相《ひそう》な推論にすぎません。

しかし同時に、哲学が時代と関わるときはいつも、大きな危機を誘発することがある点は忘れてはならないと思います。

問うべきは、近代を認識する想像力の問題です。中村、吉満と西谷の想像力は別な方向に向かっている。中村は文学、吉満は神学と哲学に根をもつ人物ですが、彼らは、それぞれの領域が他の領域と深く結びついたときに本当の意味で開花すると感じている。だが、当時の西谷は架橋《かきょう》することよりも、哲学に他分野を包摂しようとする。ここに違いがあるように思われます。

ですが、戦後、架橋という問題を苛烈《かれつ》なまでに模索したのも西谷でした。西谷は仏教、ことに禅のなかには宗教、哲学だけでなく、高次な意味での文学、芸術の世界があることを論じるようになっていきます。

「想像」は「空想」ではありません。「想像」とは五感的な接触を経ずして、叡知によって実在をつかむ認識の力です。こうした力は、強弱の差はあったとしても誰にも備わっている。

この座談会には参加していませんが、同時代を代表する知性であり、優れたフランス文学者、思想家でもあった林達夫（一八九六―一九八四）も、中村や吉満と同質の「近代」観をもっていました。ですが、彼は最晩年までヨーロッパに行ったことがなかった。林には「読む」という営みが経験だった。ヨーロッパの文学者、哲学者の言葉を「読む」という行為は、情報の蓄積ではなく、あたかもそれを書いた者に出会うがごとき経験だった。同質のことは、小林秀雄にもいえると思います。

吉満義彦とは誰か

さて、あまり横道にそれないうちに少し吉満義彦に関して話させてください。この人物は、今日では、ほとんど「忘れられた」といってよい哲学者ですが、戦前の日本では、思想界にとどまらず、文学、宗教の世界で大きな影響力をもった人物でした。

情報があふれ、錯綜《さくそう》する現代で、忘れられているということは、その思想にアクチュアリティ（今日性）がないことを意味していません。むしろ、問うべきことを深みにおいて捉えた人物だったからこそ、浅瀬にいる者たちには見えなくなってしまったにすぎません。吉満義彦はその典型です。

近代日本では西田幾多郎（一八七〇―一九四五）の『善の研究』（一九一一）から「哲学」が始まる、といわれます。ですが、こうした語り方も、後世につくられたものであることは今日では明らかです。仮にそれを是認《ぜにん》したとしても、吉満義彦は京都学派とはまったく別な流れにおいて出てきた哲学者でした。

「文学者と哲学者と聖者」と題する一文が吉満にあります。この表題はそのまま彼の境涯を表しています。吉満は、文学と哲学と宗教を、生き、考え、書くことで架橋し、そこに新しい地平を開こうとした人物です。

その精神の志向性においては井筒俊彦の先達であり、柳宗悦と強く共振します。柳の師は鈴木大拙です。大拙と西田は生涯を貫く友情を育んだ親友ですが、その思想は必ずしも同じではない。さらにいえば京都学派と呼ばれる西田の後継者を自任した人々とのあいだには、ある違和感があるという表現を大拙はしばしばしている。

「近代の超克」を読むときには、鈴木大拙、柳宗悦、吉満義彦、そして井筒俊彦へ続く、いわゆる京都学派とは異なる精神の水脈があることを認識しながら読むと、そこで発せられた言葉の意味も違って感じられます。井筒俊彦も、吉満の弟子である遠藤周作（一九二三―一九九六）との対談で、若いころ、吉満を愛読したと語っています。ここでは詳しく論じることはできませんが、柳宗悦はある時期、カトリックに強く惹《ひ》かれます。吉満と柳は、会い、言葉を交える可能性は十分にあった。柳と吉満が、井筒俊彦に先んじてイスラーム神秘主義を論じているのも偶然ではありません。さらにいえば、若き小林秀雄に異能をいち早く発見したのも柳宗悦でした。

吉満義彦は、一九〇四年に徳之島に生まれ、四五年十月に四十一歳で亡くなっています。若き日に父をはじめとした親族の死を相次いで経験した彼は、生と死、さらにいえば生者と死者という問題に遭遇します。そして、故郷でプロテスタントの洗礼を受ける。やがて、東京大学に入るために上京し、内村鑑三（一八六一―一九三〇）に出会います。

吉満は、内村に師事し、内村も吉満の才能を認めました。しかし、内村の周辺にいる人々が、内村を崇拝するような姿を見て、その輪に居続けることはできないと考えるようになります。そのとき出会ったのが岩下壮一《そういち》（一八八九―一九四〇）です。岩下は、カトリックの司祭であり、哲学者九鬼《くき》周造（一八八八―一九四一）の親友であり、また、九鬼とともにその時代を牽引《けんいん》する哲学者でもありました。この人物との邂逅《かいこう》が契機になって吉満はカトリックに改宗します。

その後、彼は同時代のカトリシズムを代表する思想家たちの翻訳などを行い、また、フランスに留学し、ジャック・マリタン（一八八二―一九七三）など、当時のヨーロッパの思想界を代表するカトリックの思想家、芸術家とも交わりを深めます。こうした経歴が、一部の人に吉満に関する偏見を抱かせる遠因《えんいん》になります。彼をいわゆるフランスかぶれの哲学者だと誤認します。その誤解のされ方は、長くアメリカで暮らした鈴木大拙の生前を思わせます。大拙も生前、国内では十分に理解されなかった。むしろ、周囲からいわれのない嫉妬を受けなくてはならなかったところも、吉満は大拙と似ています。吉満はヨーロッパのキリスト教が普遍なものであるなどとは考えなかった。それぞれの文化を背景にもった者は、その「祖国の深い宗教的伝統」を通って超越への道を進む、というのが吉満の信仰だったことは確認しておきたいと思います。

大拙もそうだったように吉満は、帰国後、西洋から輸入した哲学、あるいは宗教ではなく、それを日本で開花させ、いかに血肉化するかを考えます。「近代の超克」での吉満の姿勢も、思想を身体化する営みに基点を据えてみるとき、発言の意味を一段とはっきりと感じることができると思います。むしろ、従来はそうした吉満の態度を完全に黙殺してきた。

座談会の中心的人物のひとりである河上徹太郎が、西洋の思想家たちが「精神」というとき、そこには人間機械論の影響を引きずっている、「精神」ですら機械的に感じることがある、と発言したあと、それを受けて吉満はこう語ります。

> それを克服する為に魂を持つて来る。魂の空虚を感ずるといふ所から「近代の超克」が始まるんぢやないですか。そのときに魂は文明と機械に統御されず、霊性が一切を第一義的生の立場で統御して行く。つまり僕は「近代の超克」といふものは「魂の改悔」の問題であると思ふ。東洋と西洋とを相通じて、神と魂とが再発見されねばならない。そしてそこから始めて祖国の深い宗教的伝統にもつながつて行けるのだと信ずるのです。
>
> （吉満義彦　p.263）

ここで注目するべきは「霊性」という術語を吉満が用いていることです。あとで論議になると思いますが、座談会でも論文でも吉満は幾度《いくど》となく「霊性」に言及します。鈴木大拙の『日本的霊性』が刊行されるのは、二年後の一九四四年です。昨今、霊性論がにぎわしいですが、近代日本における「霊性」を考えるとき、吉満を見過ごすことはできない。

また、人間性を考えるとき、人間とは何であるかの認識を欠くことができないように、霊性を考えるとき、まず「霊」とは何かの考察を経なくてはならない。吉満は「霊」の重要性を語ります。吉満にとって「霊」とは、超越的絶対者の働きであるとともに、万人が超越者から分け与えられている働きです。人間は、超越者を分有している、というのが吉満の人間観です。「霊」へと向かう人間の働きが「霊性」ですが、それを吉満は「魂の故郷」の問題だと言ったのでした。

N 東洋の問題

先にも話が出ましたが、吉満の感覚は鈴木大拙にも通じています。たとえば「東洋的」というとき、東洋の意味が西谷と鈴木大拙では違っています。このときの西谷は東洋を空間の概念、ヨーロッパ的な地理的な感覚で捉えています。しかし、鈴木大拙は空間的な存在ではなく、普遍概念として捉えています。

晩年の鈴木大拙が『東洋的な見方』というエッセイ集を書いていますが、「東洋的」といって、日本人が東洋に住んでいるだけで東洋的かというと、そういうことではないと説いています。たとえば、こんなエピソードが書かれています。

シカゴに住んでいたときにアメリカ人の子どもが外でめいっぱい遊んで家に帰ってきた。お母さんが「どこ行っていたの?」と聞くと、「アウト（外）」と言う。「何してたの?」と聞くと「ナッシング（なんにも）」と言う。ここに東洋が現れている、という言い方をします。子どもはものすごくいろいろなことを外でしてきたはずです。遊具で遊んだり、走りまわったり。しかし、「何してたの?」と聞かれると「ナッシング」と答える。ここに「無」のあり方が現れていると言うわけです。

大拙にとっての東洋的な見方は、地理的なアジアに限定されるものではありません。また、東洋人だから東洋的だとも考えていません。彼は普遍的な存在論や認識論を「東洋的」という言葉で表そうとしているのです。

東洋というのが地理的概念ではなく普遍的概念であるという意味では、井筒俊彦も同じだと思います。井筒のすごいところは、吉満の議論と西谷の議論をイスラームによってブリッジし、そこで普遍を語ろうとしているところです。この座談会に井筒が出ていたら、さらに重要な展開があったかもしれません。『近代の超克』を読んでいると、いろいろな問題が設定として現れてきます。『近代の超克』を「読む」ということは、そういう作業なのだと思っています。

N 「近代の超克」のもうひとりの軸、鈴木成高

近代人がもつてゐた中世の否定の精神にどこか間違つたところがあるので、中世に負ふところのものを顧みるといふこと（p.186 鈴木成高）

すべての時代はそれぞれ違ふけれどもそれぞれに絶対であり、永遠に繋がるものであるといふことだと思ふ。どの時代もそれぞれの性格的特徴を持ち、他の時代と非常に違つた固有のものを有《も》ちながら、それで永遠に繋がる（中略）変らないものに永遠性があるのでなく、変るものの中に永遠性がある（p.232 同右）

私は鈴木成高《しげたか》（一九〇七―一九八八）に強い関心があるのですが、吉満的な思考に近づいていく京都学派の中では数少ない人です。彼は「無の立場」にあまり共感をしていません。彼は中世ヨーロッパを研究し、それがルネサンス◆によってどう変容してしまったのか、ルネサンスによってすべてが人間中心主義になったというけれども、そこは静かに連続しているのではないか、と考えます。近代の世界秩序のあり方に対して、もう一度中世的な世界秩序のあり方を探求す

べき、という世界史的立場をとります。

それは全体性を取り戻し、世界という有機体の中で個別的な人間が役割を生きているという実感を取り戻すことなのですが、そう考えることで彼は国民国家のあり方に懐疑的になります。国民国家とはフランス革命によって生まれたもので、鈴木にとっては中世的な「世界」を断片化した存在にすぎません。鈴木は国民国家を超えて、有機的につながる「世界」の再生を目指すべきだと言います。中世においては、それは「ヨーロッパ」という単位でしたが、二十世紀は世界全体がまさに「世界」として成立する可能性をもった時代だと言います。つまり、すべてがつながった「世界史」を共有する「世界」で、京都学派はこれを「世界史的世界」といいました。

鈴木の「世界史的立場」は、京都学派の中では珍しく、「東洋」という枠組みに対して消極的です。ヨーロッパは、ヨーロッパという単位に限定されていたけれども、キリスト教によって中世に「世界史的世界」を構成してきたわけですが、一方で「東洋」には、そのような「世界」が現前したことはないと言います。ただし、これからは東洋に可能性がある。東洋という「世界」にまず東洋人が意識的にならなければならないとも言っています。

彼はやはりキリスト教の精神、二元論的なものに惹かれていきます。この世界から隔絶された絶対的な超越を認めないと、世界秩序は組み立てられないのではないかと考えているのです。

京都学派は一枚岩ではなく、鈴木と吉満が近くて、この時点では、西谷の教条的な「無の立場」がどこか空回りしている、そんな印象があります。これが「神の問題」を論じたときに見えてきた非常に重要なポイントで、「近代の超克」の中でひとつの軸をつくっているのは、鈴木成高と吉満義彦だと思います。

◆ルネサンス　十四〜十六世紀，イタリアから西ヨーロッパに拡大した、個性・合理性・現世的欲求を求める文化革新運動。都市の発達と商業資本の興隆を背景として、教会中心の中世的世界観を離れた人間性の解放を主張。文化革新は文学・美術・建築・自然科学など多方面にわたり西欧近代化の思想的源流となった。

霊性の問題

W 個と全体、あるいは分有された個

「神」の問題への言及がありましたが、ここでもう一度、霊性とは何かを考えてみたいと思います。なぜなら霊性論とは、人は、神を客観的問題として論じえるか否かという問題にほかならないからです。

この問題に吉満は、否、と答える。なぜなら、人間という存在は、いつも神の一部であるからだというのです。むしろ、内在する超越を現代人が見過ごしていることに警鐘《けいしょう》を鳴らしている。自己を考えることも、世界を考えることも、その究極点においては絶対者である神を考えることになる、というのです。

別な言い方をすれば人は、何を論じるとしても「神」の問題から逃れることはできない。「近代の超克」とは、「再び神を見出し霊性の立場で文化を秩序づけて行く」(p.181) ことだと吉満は語っています。

近代日本精神史から見ても——浄土宗の僧であり近代日本仏教哲学の黎明《れいめい》を告げた山崎弁栄《べんねい》

（一八五九―一九二〇）を例外にすれば――吉満は「霊性」という言葉を、体系的に、かつ早い時期に用いた人物の一人でした。吉満が本格的にものを書き始めるのは一九三一（昭和六）年、霊性という表現を使い始めるのはその翌年からです。

吉満にとって霊性は、人間のなかにある絶対を求める衝動です。それは抑えることができない。霊性がよりはっきりと顕現《けんげん》するためには、修練や祈りが求められることがあるかもしれない。しかし、それは何か不確かな場所に赴くことではなくて、魂が、存在の淵源《えんげん》に還《かえ》ろうとすることだと吉満は考えている。そう思考するというより、感じている。それは吉満の深い哲学的実感でもありましたが、カトリック哲学の伝統でもある。吉満がもっとも影響を受けた十三世紀の哲学者であり、神学者でもあったトマス・アクィナス（一二二五？―一二七四）が、恩寵《おんちょう》はいつも個を滅するのではなくてむしろ完成すると語っています。

これは全体主義とはまったく別な考え方です。かつて日本は、「国体」という問題をめぐって大きく見誤った歴史をもつ。「国体」が「無」という表現に置き換えられて、国に忠誠を尽くすことは個を捨てることであるといった。

全体主義は個を全体のなかに埋没《まいぼっ》させ、無化《むか》することです。しかし、吉満における「霊性」の働き、すなわち大いなる「霊」への回帰はまったく異なる。トマスも吉満も、全体性を回復すれば、そこに個が埋没するのではなく、個はますますそそり立つと考える。

無私であることにおいて、個は究極的に輝く。どこまでも個であろうとすることは、他者の存在をいっそう際立たせる。また、自己は、自己のみによって存在するのではなく、他者とは開かれた自己への別な呼び名であることも明らかになってくる。別な言い方をすれば、他を深く感じることが、自己を、個を深めることになるというのです。

W 宗教なき宗教性

「近代の超克」は、一見したところ宗教論のようには見えませんが、参加者の一部の人々にとっては狭義の意味の「宗教」を超え、霊性を論議したいという意志が強くあったのだと思います。

先に霊性の考察の前に霊の探求がなくてはならないと言いましたが、同じことは宗教と宗教性にも言えます。あるいは宗教と宗派にも言える。

ここでは「宗教」を、宗派を超えた普遍的境域だとします。すると宗派とは、宗教へと至る道程であると言えると思います。「宗教」とは、万物を在《あ》らしめている働きの場だと言えるかもしれません。

宗派がいくつも存在するように、宗教へと続く道はいくつもある。どんなに優れた宗派が出てきたとしても、あらゆる宗派を包含することはおそらくないでしょう。しかし、特定の宗派を生きる人でも「宗教」の世界にふれることはできるかもしれない。

宗教的「経験」と宗派的「体験」は違います。哲学者の森有正《ありまさ》（一九一一―一九七六）は「体験」と「経験」を峻別《しゅんべつ》しました。森有正は中村光夫と同じく東大の仏文科に学びました。同窓で、友人でもありました。縁があれば、森が座談会に参加する可能性もあった。森は井筒俊彦と会っていません。中村と井筒は三歳しか違いません。体験と経験の違いにふれ、森は、体験は自己の殻《から》をやぶることを指向しない、しかし、経験と呼ぶべき出来事は個を通じて普遍の世界を希求する、というのです。

あまりに狭い宗派的体験はときに狂信へと変じていきます。自己の信仰が自己にとってかけがえのないものである、と考えるのはよい。しかし、他のすべての信仰を著しくおとしめるような考えは非常に危うい。むしろ、他を糾弾《きゅうだん》するのではなく、他の宗派は自らの宗派が照らしえない「宗教」の場所を照らしているかもしれない、と考えることもできると思うのです。

個と他者、あるいは個と全体の論議からいえば、それぞれの宗派は、他の宗派があることによって宗派を超え、真の意味で「宗教」へと変貌する可能性をもつ、といえるのかもしれません。

森有正は、「変貌」とは、樹木が種から葉を出し育っていくように、あるべき姿へと変わっていくことであるといいました。あらゆる宗派は、「宗教」へと変貌する途中にあるといえます。同質のことは、さまざまな哲学と、本当の意味での形而上学においても考えうるのだと思います。

N 無の立場と超越の軸

霊性という議論をしたときに重要なポイントは若松さんがおっしゃるとおりだと思います。そして、その問いの同じ地平に、無の立場と超越論的立場の違いをどう捉えるかという問題があると思います。

日本において霊性が語られるとき、どちらかというと一元論的な「自然に回帰せよ」とか「自然との一体性を取り戻せ」といった文脈が多いと思います。そして、このような一元論が西洋的な二元論を乗り越える重要なポイントだと論じられたりもします。

鈴木大拙も一見そう読めるところもあるのですが、それは違うと思うのです。一元論的な無の立場は、日本思想の重要な価値認識ですが、やはり問題もあって、どうしても超越的な垂直の軸が雲散霧消《うんさんむしょう》してしまう恐ろしさがあります。私はなぜ仏教の中で親鸞が好きかというと、超越的な「阿弥陀仏」の観念が強いからです。

親鸞の立場から見ると、キリスト教への距離感がなくなっていきます。本来、無の立場といっても、その中には、名づけえない「超越」や「絶対」という存在が含まれています。この点を捨象《しゃしょう》して、無の立場を平板に捉えると、現実肯定の論理へと回収されてしまいます。東洋思想において重要な「否定の論理」が失われてしまうのです。

この世界の「色」の中に真理が現れているという面だけを強調すれば、その「色」を抱きしめれば全体性に接続できるという観念が支配的になります。重要なのは、やはり「色即是空」「空即是色」という否定を通じた肯定です。そして、否定と肯定が常に絶対矛盾しながら同一化していくためには、垂直的な「超越」の観念が必要です。

トマス・アクィナスの話が出ましたが、トマスと大拙は通底していると思います。なぜならば二人ともトポスの思想家だからです。彼らは自己が世界の中で意味づけられた場所を重視しました。人間は絶対的存在との関係性における垂直軸と、社会的関係性における水平軸の交点に存在します。宗教的にも社会的にも意味づけられた場所がトポスで、大拙はそれを「大地」の問題として論じようとしています。

私は、この垂直・水平の交点としてのトポスという観念が非常に重要だと思います。日本思想は、どうしても言語的共通性や歴史的連続性、芸術表現の豊饒《ほうじょう》さという恵まれた環境・資質の中にあるため、「日本人なら感覚的にわかるだろう」というスピリチュアリティに依存しがちです。「和歌を詠めば宗教的精神は感覚的にわかる」とか、「日本の美しい風景を見れば、霊性は心で捉えられる」とか、共有する心象風景の中に安住しがちです。

もちろんこれは日本人の大変優れたすばらしい文化的特性なのですが、この水平軸にすべてを還元していくことによって、どうしても垂直的な認識が欠落していく側面があるのではないかと思うのです。これが、先に論じた三つの立場の三つめ、日本浪漫派による古代日本回帰であり、垂直的な観念を、日本的美の中に埋め込んでしまい、心でつながった透明な共同体を構成しようとする立場です。私は、この議論に対して京都学派や吉満が苛立《いらだ》ったのはよくわかる気がします。

霊性の回復は、世俗化や社会の流動化によってトポスを喪失した現代に不可欠の要素です。ただ、先ほど述べたように「美しい日本」のようなベタなスローガンに還元されてしまうと、グロテスクなナショナリズムに早変わりしてしまう危険性があります。この点が、戦前期にも大きな問題となりましたが、現代にも共通する課題だと思います。

W 「近代の超克」論に欠落しているもの

座談会の「近代の超克」では親鸞があまり語られていない。しかし、それゆえに、親鸞が投じた問題はまさに「近代の超克」だったといえる。中島さんは前出の「親鸞と日本主義」によく表れているように親鸞の問題を長く考えてこられた。

今日、私が驚いたのは、中島さんが吉満義彦から話し始められたこと、そして、今この場に、二人がともに鈴木大拙の『日本的霊性』を持参していることです。『近代の超克』を読む、という主題であることを知りつつ、『日本的霊性』こそが、もう一つの『近代の超克』だと感じているのはじつに興味深い。

大拙は、『日本的霊性』で親鸞を、霊性の思想家・実践家として論じます。『近代の超克』を今日のこととして考えるにはいくつかの視座があるかと思うのですが、そこで欠くことのできないのはやはり、先に申し上げたように霊性の問題です。それは宗教を超えた超越との、そして他者との結びつきの問題です。

霊性論は、けっして人間と神の問題では終わらない。また、終わってはならない。霊性の探求が再び人間と人間の問題にならなくてはならない。誤解を恐れずにいえば、霊性論とは眼前の他者にいかに超越の顕現を見るかという問いになるはずです。この問題をもっともはげしく生きて見せてくれたのが親鸞でした。親鸞は霊性という術語は用いない。しかし、彼は自身の思想を『教行信証』の四文字に収斂《しゅうれん》します。この親鸞の主著となった著作こそ、日本に現れた最初の霊性の哲学でした。

そこで親鸞は、阿弥陀という超越者はいつも人々の中に生きていると論じます。親鸞にとって民衆は、民の集まりであるとともに超越が遍在することの証《あかし》でもある。親鸞は民衆とともにあるために宗教の枠を打ち壊した人です。親鸞の言葉でいえば凡夫《ぼんぷ》という問題、知識人ではない市井《しせい》の人々の日常という問題です。それが『近代の超克』ではあまり論じられていませんし、これを読んだ大部分もインテリです。

吉満が問題にしているのも、知識人の精神ではありません。吉満にとっても「民衆」の一語はとても重要な意味をもっていた。座談会では「民衆」という言葉は使わないけれども、彼が論じているのは、民衆と不可分な哲学、神学、という真理への道程なのです。

今までの『近代の超克』の読まれ方で不満なのは、知識人の言説の分析というところに終始してきたところです。そこに、現代の思想の脆弱《ぜいじゃく》さ、意気地《いくじ》のなさがあり、発展していないと思います。

『近代の超克』を私がはじめて読んだのは、高校生のときです。以来、この本を読み続けてきました。私が文章を書くきっかけになったのは二十一歳のときに書いた中村光夫論でした。また、二〇一〇年から今日まで吉満義彦論の連載を続けてきました。今回、中島さんから『近代の超克』をめぐって対話を、という申し出をいただき、全体を再読してみましたが、この一冊が自分に与えた、あるいは与え続けている影響にあらためて驚きました。それはこの本が被ってきた政治的批判とはまったく別なものです。今もなお、強く動かされるのは、多くの問題を含んだ「近代」をいかに血肉化するか、という問題と真摯《しんし》に格闘する幾人かの精神の態度です。

座談会に先立って寄稿した論文で亀井勝一郎（一九〇七―一九六六）は次のように書いています。

元来言葉といふものは、言いあらはしきれぬ万感の思ひを、敢《あ》へて言はうとする切なさにおいて成立するものだ。全霊を傾けた突差《とっさ》の出来事だ。愛と慟哭《どうこく》がさうであろう。言ふに言はれぬ思ひを、表現する、そこには無限に満ち足りぬものがあるかもしれぬ。ちやうど自分の希《のぞ》みを果さんとして果しえなかつた人間の無念さに似たものがつきまとふ。（p.7　亀井勝一郎）

言葉は、いつも十分に語りえない、現代人はそうした現実を忘れてはならない。愛する者を喪《うしな》って呻《うめ》く者の感情は言葉にならない。しかし、そこには万感の思いがある。

語るとは、そもそも語りえないものを表現することであることを、語られていることはいつも実在の一部にすぎないことを、さらに人間とは常に誤りえる者であることを、忘れてはならないというのです。暗黙のうちに進化した時代としての「近代」を妄信する者は、雄弁になったが、言葉によって語ることの不可能性を忘れているというのです。

もう一点、言語としての「言葉」の問題です。座談会の後半で詩人の三好達治《たつじ》（一九〇〇―一九六四）がこんなことを言います。

> 僕の書くものと僕の読むもの、創作と読書の範囲とは直接繫がりはないと思つて居る。（十九世紀フランスのカトリック詩人フランシス・）ジャムからどれだけの影響や教へを受けたか自分では分からないが、それは恐らく殆《ほと》んど少いだらうと思ふ。やはり自分の作品なんかの直接の繫がりになつて居るものは日本の作品――日本語で書かれたもの。つまりいはゞ日本語そのものだから、ジャムか何かの影響を受けるといつても、それはちやんと日本語に直されて国語をとほつて来たもの、いはば翻訳されたものからでないとピンと来ない。
>
> p.245　三好達治）

ここで三好が言及しているのは、厳密な意味で翻訳が不可能であること、そして、別なところから見れば翻訳とは一種の創作だということです。

同質なことを戦後、小林秀雄は自分とアルチュール・ランボー（一八五四―一八九一）をめぐって話しています。小林は、ランボーの詩を翻訳したのは、自分が熟読し、その言葉を血肉化したかったからだと言います。同様に三好もフランシス・ジャム（一八六八―一九三八）を愛し、その詩集を翻訳しています。そのうえで、先のように発言している。人間は母語によって世界を認識している、というのです。

どんなに外国語を流暢《りゅうちょう》に用いたとしても、意識下にある母語の働きを超えることはない。近代日本は、西洋の文献を日本語に翻訳することでさまざまな文明を摂取してきた。しかし、現象的なこととは次元の異なるものがある。

この問題は戦後、ドイツの言語学者レオ・ヴァイスゲルバー（一八九九―一九八五）、アメリカの言語学者エドワード・サピア（一八八四―一九三九）、ベンジャミン・ウォーフ（一八九七―一九四一）などによって論じられ言語学界を巻き込む大きな問題になります。この問題を独自の言語哲学に高め、イスラーム哲学を舞台に論じ、世界に向かって問いを投げかけたのが井筒俊彦です。『近代の超克』を考えるとき、母語と世界認識の問題は、避けて通ることのできない問題だと思います。

私たちは日本語によって世界を認識している。そのことは、他の言語が感じていることでも、感じえないことがあるということなのです。自らの母語を愛することはとても大切なことです。しかし、その不完全性に目を閉じるようなことがあってはならない。

ここに不十分ではあっても、外国語を学ぶ意味もあるのです。外国語を学ぶことで世界は広がり、自分の不完全性の自覚もまた深まり、他者の尊厳をはっきりと認識することになるからです。

科学の問題

N 科学と宗教

私は近代の科学的探求の精神を形而上学的知性と如何《いか》に結びつけるかといふ問題が考えられると思ふ

（吉満義彦　p.193-194）

『近代の超克』で語られる内容として、アクチュアルなのが科学の問題です。近代的な科学は、宗教的観念と衝突すると考えられてきましたが、「近代の超克」論では、両者の融合の可能性が模索されます。重要なポイントがいくつも出ていますが、この議論をリードしているのも吉満です。吉満は近代の科学的な真理の探究と形而上学は一致するといいます。それを「精神のロゴス的形而上的探求」といっています。そこにおいて、自然学と形而上学の真理の関係が見えてくる。それが吉満の議論です。

これは西谷の議論に対抗しています。

無我の主体性ともいふやうなものから出発して、宗教と科学といふ問題も解決される道があるのぢやないかと思ふ　p.199　西谷啓治）

西谷が言うのは、キリスト教の神の概念と科学は矛盾しているということです。神が世界を創造したということをキリスト教はいうけれど、それは近代科学と明らかに矛盾している。そこにやはり有神論的問題があって、そのすべてを包含している一元論的な主体的無の立場が必要だと言います。そして無我の主体性によってこそ、宗教と科学の対立構造を乗り越えることができると主張します。科学を東洋的宗教観の中に取り込もうとする試みです。

ただ、西谷は科学そのものに対してきわめて冷淡で、そもそも重要な価値を見出していません。宗教と科学を結びつける必要がないのではないかと言い出し、「科学はやっぱり科学の立場で……」と冷たく切り捨てようとします。ただし、そういうわけにもいかないので、宗教的価値によってなんとか科学を位置づけようとします。

そのとき、注目するのが、キリスト教の神秘主義的側面です。西谷はキリスト教を全面的に否定するのではなく、エックハルト（一二六〇?―一三二八）などが注目する「ミスティク（＝神秘的）」という概念に注目し、東洋思想とのあいだに橋を架けようとします。彼はキリスト教の神秘主義的な現象に超越的なものと人間の「生命的な合一」を見出し、神と人間の二元論を超えた一元論を探求します。そして、その一元論的なキリスト教のあり方を提示することで、東洋と西洋の融合の可能性を示唆《しさ》し、「近代の超克」の方向性を示そうとします。

西谷はこの「ミスティク」論で、キリスト教と科学の矛盾を乗り越えようとしますが、吉満は不満を漏らし、「結局観念論的の哲学となつて来る」と批判します。吉満にとっては、「矛盾するかの如《ごと》く見える立場を矛盾しないといふことを説明」するのではなく、「人間の宗教的実存の真理と科学的知性の探究」が「キリスト教において結びつき得る」ことを立証することこそが重要になってきます（以上、p.198-199）。科学真理の追究と宗教的真理の追究は、キリスト教において一致するという確信が吉満にはありました。二人の溝はなかなか埋まりませんが、この溝はきわめて重要な論点です。

この議論の中に別の介入をする人物がいました。下村寅太郎（一九〇二―一九九五）です。


近代を余り簡単に「不幸な時代」とするのは、私自身には、正直でないやうに思ふのですが。

（p.186　下村寅太郎）

本来の意味でのロゴス的といふことでは、近代の哲学も科学も成立し得ない
（p.194　同右）

自然学と形而上学とが一応はつきり区別されること、独立することが必要だと思ひますね。

（p.194　同右）

京都学派の下村は、ここで西谷と距離をとります。そして、近代を否定するのではなく、いかにして近代を引き受けるかという問題をみんなで考えていこうと切り出します。さらに吉満に対しても異論を唱え、やはり形而上学と科学は違う、そこは切り離さなければいけないと言います。

下村にとって、近代科学的認識を媒介とした技術は、「自然の模倣《もほう》」や「自然のアナロジー」ではありません。むしろ自然を再編成したり造り替えたりする性質をもったもので、これを形而上学の中に取り込むことには無理があると言います。

このような議論に真っ向から対峙《たいじ》するのが林房雄です。

僕は科学者が神の下僕《げぼく》になれば宜《よ》いのだと思つてゐる。

（p.195　林房雄）

西洋の神話は神と人との闘ひであるが、日本の神話は神と人との闘ひではなく神々の闘ひである。西洋ではプロメトイス以来、何時《いつ》も神と人との闘ひでは、人間の武器は科学であつた。

（p.199-200　同右）

林の議論は明確です。「神の問題」のときと同じく、近代は全面的に否定されます。とにかく神によって世界のすべてが包含されているわけで、科学などには本質的な価値はない。人間の賢《さか》しらな「計らい」など、何の価値もない。人間は「計らい」など捨てて、神のまにまに生きなければならない。賢しらな輩《やから》が余計なことをするがゆえに、世界は混乱し、人々は疎外される。科学はその「計らい」の産物にすぎない。

日本浪漫派が言いたいことはわかるけれど、やはりそれが日本の弱さにつながるのではないかと思います。すべてが「あるがままの世界」に一元化されてしまう。人間からあらゆる作為が奪われてしまう。

N 科学者が目をつぶるとき

確かにあなた方は、在来の物理学を超克して新しい物理学をやつてゐられるが、例へばニュートンの林檎《りんご》の実が落ちるのを見た眼は違ひもなく肉眼だがあなた方は肉体で模索する

（p.204　河上徹太郎）

僕の理窟からいふと近代自体の力による在来の科学の超克に見えるんですがね。さうなれば量子物理学が新しい形而上学を意味することになるんだけど。

（p.205　同右）

もうひとつの議論のハイライトは菊池正士《せいし》（一九〇二—一九七四）の存在です。菊池は日本における原子物理学の第一人者で、戦中にはサイクロトロン（加速器）の建設を主導し、核兵器開発に関与しました。戦後は原子力発電を推進する科学者として活躍します。

河上徹太郎は菊池にとても期待します。河上がなぜ菊池を座談会に呼んだかというと、科学者として、科学の中から科学を内破するような、肉体性をもった哲学を物理学から生み出しているのではないかと期待したからです。

河上としては、近代科学を単純否定したかたちで「近代の超克」を提示したくなかった。近代的なものを突きつめた果てに、近代を内破するものが誕生する、その瞬間を捉えようとする科学者を求めていた。そして菊池の『物質の構造』を読んだときに、「これだ」と思ったわけです。そこには「近代自体の力による在来の科学の超克」があり、「量子物理学が新しい形而上学を意味する」という可能性があるように思えた。科学的探究の先にある新しい宗教の誕生こそ、近代の超克の瞬間だと考えたわけです。

問題は、この指摘に対する菊池の答えです。菊池は河上の期待を裏切り、そんなことといわれても宗教と科学は別ですよ、科学は科学の論理です、と言います。河上はがっかりして「それあ菊池さんの自分の仕事に就《つい》ての史観のつけ方がまづいのぢやないかな。どうも貴方の話と、貴方のやつた仕事とは違ふ気がする」（p.206）と言います。「あんた、自分のやっている仕事の意味をわかっているの?」というわけです。小林秀雄にも「それぢや、ようござんす」（p.205）と突き放されます。

しかし、一方で菊池は西谷に同調していきます。

矢張《やは》り西谷さんと同様に、東洋の大乗仏教的の精神に一番引きつけられます。従来の我々の考へ方はすべて西欧的な「我」を中心としたものであり、「我」の自覚と云ふことを一種の誇りとして来ましたが、結局それでは飛躍は出来ない。

（p.149　菊地正士）

昔から東洋で言われている「我の滅却《めっきゃく》」ということを現代日本人はいま一度真剣に考えるべきときだと言い始めます。これは恐ろしい。

理性的に科学を推し進めていけ。科学は科学の論理として一貫している。けれども最後の解決できないところは飛べ。理性を滅却せよ、という。そして無であるという。ここは見逃してはいけないポイントです。菊池の転倒です。

菊池は戦後の原子力発電推進の中核を担っていきました。「近代の超克」の議論に入って科学の自立性を説きつつ、最後は反転して「無」だと言った人が、なぜ原子力発電を遂行したのかという問題。最後の解決できない問題に目をつぶり、思い切って飛躍したのでしょうか。科学者が安直に「近代の超克」の議論に接近したときの危うさを感じます。

N iPS細胞と原発の問題

たとえばここから踏み込むと、湯川秀樹（一九〇七—一九八一）はどうだったのかという問題も出てきます。湯川も西田幾多郎の周辺にいて、無の問題とか東洋哲学に接近しながら、一方において原子力発電の問題へ踏み込んでいきます。彼は、原爆は反対だけれど原発は賛成だというのです。ただ性急に開発を急ごうとする政治家に対して「急がば回れ」だと忠告しますが、基本的に原発の開発に期待をもっていた科学者です。彼にとって、東洋哲学と原発がいかなる論理で結びついていたのかを追求する必要があります。

科学技術と宗教の関係という点では、iPS細胞の問題もそうです。試験管の中で人工的に人間の命を生み出すことができるかもしれないというのがiPS細胞の技術です。ES細胞の議論では、盛んに倫理の問題が論じられました。それは、やはり卵子をとって成熟させてから細胞を取り出すことから、生まれようとしている命を奪うという問題が生じていたからです。しかし、iPS細胞になるとそのような生命倫理に関与せずとも生命体をつくることができるということで、倫理問題が捨象《しゃしょう》されています。これは恐ろしい現象です。宗教や霊性の問題と「いのち」をつなげる議論がないがしろにされています。原発の問題も同じです。

この問題を指摘したら、多くの反発が寄せられました。「今、日本が世界のトップに躍《おど》り出ようという技術に文句を言うな」というわけです。でも、日本は科学技術のあり方を宗教的に問い直す国であってもいいのではないかと思うのです。

原発問題では、吉本隆明の発言を考えなければなりません。吉本は「原発をやめるということは人間をやめることだ」と言い切りました。人間が人間である以上、どうしても原子力の開発は進んでいくと言うのです。

この議論には、吉本におけるマルクス（一八一八―一八八三）と親鸞という問題が潜んでいます。つまり「自然史的過程」と「原罪」という問題です。人間はたとえ原発をつくることをやめたとしても、原子力の技術を「自然史的過程」として追求してしまう。これは「人間の存在としての罪」、つまり「原罪」だというわけです。この問いに、私たちは全力で取り組まないと、原子力の問題を乗り越えることはできません。

『近代の超克』に戻ると、「宗教と科学」の関係はきわめてシリアスな問題を含んでいることに気づかされます。吉満の議論を敷衍《ふえん》すると、原子力の科学的探究は、キリスト教という土台において形而上学と合流することになる。西谷は「科学はやっぱり科学の立場で」と言いますが、主体的無の立場からは原子力の技術を否定できない。菊池のような原発を積極的に推進する論理に道を開く。河上が菊池に求めた「量子物理学が新しい形而上学を意味する」という立場も、原子力技術の神秘化という危うさを秘めています。かといって林房雄のように、科学技術全般を「やまとこころ」の立場から否定することもできない。

「近代の超克」は、今もってまったく解決できていない問題ですが、原発事故に直面した我々こそが、この問題に立ち向かっていかなければならないと思っています。

神秘家と神秘主義者

さきほど「ミスティク（神秘あるいは神秘家：独 mistik、英 mystic）」の話が出ました。この言葉の意味と、「ミスティク」と科学をめぐる問題を考えてみたいと思うのです。

座談会の記録を読んでみると、西谷と吉満は、同じ「ミスティク」という言葉を用いながら、論議が微妙にかみ合わないのがわかります。西谷は、どこか「ミスティク」を既成の術語として用いようとする。一方、吉満は「ミスティク」を、定義不可能な神的現象、あるいは神的秩序を体現した人間の呼び名として認識している。吉満にとって「ミスティク」は生ける何ものかで、固定した意味をかぶされることを拒むものとして認識されている。

「ミスティク」は神秘家、あるいは神秘主義者と訳すこともできます。しかし、両者は決定的に違う。神秘家は神秘を全身で生きる人ですが、神秘主義者は、「神秘主義」という思想を語ることに終始する人です。井筒俊彦は神秘家の境涯を神秘主義と区別するために「神秘道」と書いたことがあります。吉満にとって神秘とはまず、生きて証しなくてはならない何ものかだったのです。

二人の、この一語をめぐる認識は、「近代」の重要な問題の一面を強く照らし出しています。

概念として神秘あるいは神秘主義を論じることと、神秘を生きることでそこでの境涯を明示する者との差異です。西谷は、優れた哲学者ですが、戦前は前者の傾向があり、戦後は後者の道程を歩みます。吉満も留学前は前者の傾向が強く、周囲からも反発を買いますが、妻や妹に先立たれる経験を境に、彼にとって哲学は常にいわば「生ける哲学」へと変貌していきます。

現代において私たちは、同質の問題に、哲学だけでなく、科学において直面しています。現代の科学は、本当の意味で「生きた」ものになっているかどうか。「生きたもの」であるとは、いつも人間にとって知りえない領域をもっている、ということです。

W 彼方の視座で見る

実行可能であるということは、それを行うことが許されていることを意味しません。人は誰もが、いつでも犯罪をおかすことはできる。しかし、それは許されていない。現代において科学はいつも、同質の問いに直面しています。

ｉＰＳ細胞あるいはそれに類する問題を考えるとき、現代人はまず、それをどう用いるかを考える。しかし、それは用いてはいけないという考えがあってもよいはずです。むしろ、なくてはならない。今も毒物は発明されています。それが化学兵器になることもある。それをいかに用いるかだけを考えるとき、世界は恐ろしい方向に進む。

また、iPS細胞の是非を考えるとき、どんなかたちであれ、長生きすることはよいことだ、というほとんど無批判の了解がある。そうした確信に立てば当然、細胞は何度でも再生したほうがいい、という論議になる。しかし、この問題を一度、原点に帰って考え直してみる必要はあるのではないでしょうか。まず、「いのち」とは何であるかということから考え直してみなくてはならないように思われます。

古代、中世において医学は哲学と不可分に存在していました。そのもっとも典型的な例がイスラームの「ユナニ医学」です。イブン・シーナ（九八〇―一〇三七）をはじめイスラームの優れた哲学者はしばしば優れた医者でもありました。医学の進化は、哲学の深化と同義でした。解剖学の発達も西洋ではなく、イスラーム世界で起こったとき、それはいつも魂の問題と不可分だったのです。

その知的遺産を近代西洋社会が継承する。西洋においてもある時期まで医学は哲学と不可分でした。デカルト（一五九六―一六五〇）の時代でもそうだった。

不可分だが、不可同である。実在するものは可視と不可視なものが分かちがたく、しかし、個別なものとして存在している。人間の肉体と意識がそうです。体と心をつなぐ魂が存在している。それがデカルトの形而上学の根底をなしている。吉満は、座談会でもこのことにふれています。また、同時にこの視座は、見えるもの、あるいは見えないものに一元化して考えることの危うさも教えてくれます。

しかし二十世紀のはじめ、薬剤の発展とともに、医学は哲学と訣別《けつべつ》する。むしろ、訣別することで「進化」という名のもとに、ときには暴走としか思われない展開をみせている。そして、「近代」を西洋化だと誤認した日本は、その傾向を、夏目漱石《そうせき》（一八六七—一九一六）が講演「現代日本の開化」で指摘しているように「内発的」にではなく、「外発的」に、ほとんど無反省に取り入れた。今日の日本では医師、薬剤師になるために、哲学を勉強する必要はありません。人間とはいかなる実存的存在であるかを深く考えることがなくても医師になることはできる。

もちろん、優れた医者も存在していて、医学と哲学だけでなく、医学と芸術すら密接に関係しているべきであると提唱する人々もいる。しかし、それは全体からみればきわめて少数の例外的存在にすぎません。彼らも、医療の現場に生きながら、「いのち」とは何かを必死に考えている。医療とは肉体を治癒するだけでなく、「いのち」にふれる行為である自覚を医学に根づかせようとしている。しかし、明らかなように、それは近代科学だけで解決できる問題ではありません。

現代では分野の細分化が進んでいるので、科学的現象を科学の権威《けんい》たちだけで判断し、決めていく。医学はその典型です。医学の発展自体は望ましいことかもしれない。しかし、それを人間が誤りなく扱うことができるかどうかは別な問題です。「いのち」とは何であるかという根源的な問い直しをせず、iPS細胞が倫理的かどうかを論証しようとする。ここには大きな危険が潜んでいるように思われます。問いそのものが間違っているかもしれないということを真剣に討議することの意味が見失われている。未知の領域があることを現代人は忘れている。iPS細胞を科学的にだけ見るのではなく、哲学の視座で見るとどうなるのかという、それを真剣に議論することがきわめて困難になっている。

哲学の思惟《しい》とは、常に未知なるものへの営みです。科学は今、本当に哲学を必要としているのではないでしょうか。科学哲学の試みはこれまでも行われ続けている。しかし、それは本質的な働きをなす状態にはなっていない。おそらく、場がないのです。哲学と科学はそれぞれの発展を遂げたが、それが真に交わることのできる場の創設が求められているように思われてなりません。『近代の超克』における吉満義彦の提議も、論議を加算的に行うのではなく、融合し、創造的に変貌する機会が生まれる場をつくらねばならないというものだったように思われます。

もちろん、問題は医学だけではありません。建築、あるいは食の安全、原子力にも同質なことはいえる。原子力の平和的活用を強く訴えてきた人々のなかには、かつても今も、そうすることが原子力の武力化を準備することを知っていた者がいる。今日の政権側にはそれを明言してはばからない人すらいる。

原発事故は現存する生命だけでなく、来るべき生命をも脅《おびや》かしています。私たちは同じことを足尾銅山、水俣病、イタイイタイ病、カネミ油脂事件などで経験してきた。水俣の問題が単に産業廃棄物をどう処理するかということではなかったように、原発の問題も汚染水の処理や廃炉、あるいは除染といった事象に終わるものではありません。また、終わらせてはいけない。

水俣のときがそうだったように政治は、問題を最終的には金銭化し、補償の問題にすり替えます。そして補償を得たあとに発言を続ける者を異端者として排斥《はいせき》する。近代日本は何度もこうしたこと繰り返してきた。しかし、その異端者の群れから、次の時代を切り拓《ひら》く光が出てきたことを、私たちは忘れてはならないと思います。

先に中島さんがふれた菊池正士が、「近代の超克」の座談会で次のような発言をしています。

座談会の席でも林（房雄）さんが進化論を信じないと云つて居られましたが、我々としてはさうは行きません。進化論も信じなければならないし、凡《すべ》て生命現象は物質現象として説明し得る可能性についても疑ふ訳には行きません。従つて生命が人の手によつて試験管の中で作られることも当然のことだと思ひます。又人間も生物としては他の生物に比して原理的に何も変つたものでないのですから、試験管の中で人間が出来たつて原理的には少しも驚ろきはしません。だから我々は科学に忠実であればある程、又妥協を許さなければ許さない程、霊的なものや神的のものを入れる余地はなくなつて来ます。霊的とか神的とか云はずとも精神的のものすら影をひそめて来ます。意思の自由と云ふ様なことにも疑問が出て来て、倫理的の価値と云ふ様なことについても疑はしくなつて来ます。

（菊池正士　p.145）

科学の事実は絶対で、生起したことはすべて人間の力を証するものだというのです。この思考が原子爆弾を生み、あらゆる公害、そして化学兵器、また、農薬や化学肥料を生んだ。さらに恐ろしいのはこれまで『近代の超克』を政治的に批判してきた人々が、こうした科学観にほとんど無批判だったことです。政治の問題と科学の問題は別だというのでしょうか。そうではなかったことは戦後の歴史がはっきりと示しています。

この発言を非人間的であると批判することは難しくない。しかし、この認識は基本的には現代も変わっていないことを正視することのほうが難しいのかもしれません。先に見た菊池正士の「生命が人の手によって試験管の中で作られることも当然のことだと思ひます」の一節を、何の前置きもなく見たら、ほとんどの人は、こんなおかしいことはないと感じるでしょう。しかし、現代ではこうした方法を発見した人が今、世界から賞賛されている。この発言は菊池正士という個性の問題にとどまらず、むしろ、現代の「常識」となっている現状の表現として再考してみなくてはならないと思うのです。

現代の日本人も、自分たちが何を手にしているのかを考えずに海外の評価を無批判に信じている。いつか誰かが決めた、仮の善であり、仮の価値を絶対だと信じている。

「いのち」とは何かというのが哲学の問題であるように、「価値」とは何かということもまた、哲学の問いです。先に「価値」をめぐって柳宗悦が述べていたように、「価値」というかぎりにおいては絶対的超越につながっていないといけない、しかし、現代における「価値」はすでに超越とのつながりを見失っている。相対的なもの、損得の判断上の現象になった。長く生きたら得、早く死んだら損というように「いのち」を考える。しかし、科学は進化することにおいて不完全性を証明しています。科学で証明されたということは仮の見解でしかない。

同じことは、宗派的宗教にもいえる。社会的存在としての宗教は、人間によって行われているという点において明らかに不完全です。「神」の声を完全に受容することができない人間が判断する点において不完全です。しかし、科学、宗教ともに自らを完全であるとして頑《がん》としてゆずらない。なんと愚かなことでしょう。この地点で根源的な問いを投げかけるのが哲学、あるいは芸術の役割だと思うのです。

科学は、時間が不可逆であり、計測可能であることを証明している。しかし、その事実だけではいかに深く人生を生きるかという問いには十分ではない。不可視な真理において科学が無力なのではありません。肉体の諸器官の構造がそうであるように科学もまた、哲学、あるいは芸術をはじめとした他の領域と結びつくときにいっそう大きく、豊かに働くものだと思うのです。

「いのち」は、心臓を動かしている。心臓が止まれば肉体は滅びる。しかし、心臓が「いのち」なのではありません。「いのち」は肉体の、あるいは意識にすら遍在している名状しがたい働きです。現代は、科学を「心臓」として動いている時代なのかもしれません。そうであったとしても、それを「いのち」であると誤認してはならないと思うのです。

歴史の問題

W 「概念」を突破し、再び「実在」へ

座談会に集った一三人のなかで吉満は、誰よりも主体的に「近代」を考えています。多くの人々が、自分が学んできた近代について頭で語ろうとするのに対し、吉満は、近代を全身で生きていたのが、今日から見るとはっきりとわかります。その態度は、座談会に並行して彼が寄稿した文章にもよく表れています。彼はその冒頭にこう書いています。

> 近代精神とは何かと云ふことを正確に定義して始める必要はない。狭過ぎるか広過ぎるか何《ど》の道不便を来《きた》すに違ひない不用な定義によることなく、我々の精神の新しい生命課題の展望からして、今や過ぎ行かんとしてゐる、我々自らの肉体の如く我々の精神を条件づけてゐた一つの精神状況を、自ら自身の苦しき宿命反省として考察して行けばよいのである。
>
> （吉満義彦　p.59）

切実な経験は常に、安易な定義を拒むのではないか、「近代」とは外部にある概念ではなく、自らの肉体にも似た切実な認識を迫るのではないか、というのです。

何かに「ついて」語ろうとするとき人は、貧しい概念の周辺をうろついているだけかもしれない。しかし、何か「を」生きるとき人は、実在にふれている。その差異がこの座談会、論考にまざまざと感じられます。この根本的な違いは、今日ますます問題を大きくしています。吉満は、真実の意味で「近代の超克」が起こりえるとすれば、「概念」を突破し、実在へ再び迫ることではないのか、というのです。この問題は今も、けっして古びてはいないのです。

この座談会では、歴史だけでなく、さまざまな側面から実在に接近しようとした。美、伝統、言葉、霊あるいは霊性、真理もそうです。しかし、問題が提起されたまま、十分に深まらないまま終わってしまった。それを批判するのは簡単です。しかし、それを創造的に継承し、深化させることもできる。中島さんも同意見でしょうが、私たちの関心はその一点に収斂《しゅうれん》する。後続の者が先行者の誤りを指摘するだけで終わるとき、その人は何も考えていないし、何事にも参与していない。ただ、眺めているだけです。歴史は、何らかのかたちで参与する者にだけ呼びかける。

W 吉満義彦における「世界」と「世界史」

先に見たように座談会「近代の超克」においても、「世界」あるいは「世界史」という術語がさまざまな位相で語られている。この一語をめぐっても吉満の得意な視座が鮮明に現れます。彼は座談会に合わせて寄せた論考「近代超克の神学的根拠」に次のように書いています。

私はここに世界史の地理学的表面的考察ではなく、歴史の言はゞ地質学的内面実存の考察を致す立場である。（p.81 吉満義彦）

「世界史」というときに、それは単に地理的・時間的出来事を意味しない。事象的、あるいは表層の出来事の奥において、国家や歴史、時空の帳《とばり》を超えて、どういう人々とつながりうるのか、という可能性を論じたい、自分は三次元、四次元という違う次元でものごとを展開している、と言うのです。

また、吉満は、「フィジック（自然学）」と「メタフィジック（形而上）」をとり違えてしまったのが近代の問題だといっています。つまり、自然科学と超越、実証と信仰とは次元を異にする出来事であることを忘れてしまったというのです。

「フィジック（自然学）」と「メタフィジック（形而上）」が区分できるということは、それを統合するものがあることを意味する、そう考えたのは先にもふれましたが、デカルトです。

デカルトの主著『方法序説』から二元論が始まったというのは俗説です。二元論とは二つのものがまったく交差することなく存在するという世界観です。デカルトは現代人がいうような貧しい二元論者ではありません。吉満は、座談会でこう発言しています。「デカルトが『真理の探究』といつてゐるのには、矢張り科学の技術的性格のほかに科学のロゴス的性格といふ側面もあらはしている」、そこは「(古代)ギリシャ的ロゴス探究の性格とつなが」っている。「ギリシャの形而上的哲学的精神といふものは、近代哲学では歪曲《わいきょく》された形」ではあるが「科学的真理探究の精神に別な形で生かされてゐると思ふ」(以上、p.193)。

哲学とは、どんな展開をするときにも「形而上」の世界とのつながりを忘れてはならない。現実的な問題を考えるときにはいっそう、その視座を見失ってはならない。近代科学がいう「正確さ」「正しさ」は、哲学における「正しさ」とは必ずしも一致しない。世界はこの相克と矛盾のなかで起こっている、と吉満は訴えるのです。

科学的「正しさ」をただひとつの基点とすることによる近代の問題は、今日にも至るところで起きています。水俣病をはじめとする公害の問題も、国はどこまでも「科学」的に立証されたことのみを「被害」として認定する。それまでは眼前にどれだけの苦しみ、痛み、悲惨があっても黙殺する。同じことは震災による原発事故後の問題でも起こっています。国が被害を認めるとき、そこにはすでにおびただしい苦難が生まれている。感じていることは論理的ではないから、信憑《しんぴょう》性がうすいものであるという議論が、今も続いている。

我々は戦後およそ七十年のあいだ、証明することに重きがおかれ、感じる力が封じ込められていた。学校でも文章を読むとき、感動することよりもいかに読解するかを習う。音楽を聞くときも心の琴線《きんせん》にふれることよりも、その旋律《せんりつ》の構造を学び、いつ誰がつくったかを覚え込まされる。一枚の絵を魂で感じる前に、絵画史における意味を教え込まれる。

『近代の超克』が刊行されたおよそ二年後に吉満は亡くなります。彼の問いは投げ出されたまま、今日に至ってもなお、十分に深められてはいないのです。「近代の超克」とは、過去の問題ではない。むしろ、今日の日本、ことに震災後の日本に突きつけられた問題だといえます。

N どんな時代でも一流の人間は時代を超克しようとする

その論点で大事な人は、やはり柳宗悦ですね。民衆世界における他力の観念を、いかに「近代の超克」の議論と接続させていくのか。この視点は、座談会の中では欠落しています。

この点で、若干の苛立ちを見せたのが小林秀雄です。彼は西谷に対して、あなたたちの使っている言葉は意味がわからん、多くの人には届かないと牽制《けんせい》します。これは「哲学の言葉は難しすぎる」という違和感の表明のようですが、小林の批判は根源的なところを突き刺していきます。

小林は、「近代の超克」を考える際に、もっとも重要な思想として、ドストエフスキーを取り上げます。諸井《もろい》三郎(一九〇三―一九七七)はベートーベン(一七七〇―一八二七)を取り上げます。

問題は、ドストエフスキーの文学やベートーベンの音楽のような存在を、日本人は生み出してきたのかということです。生活世界の中で「近代」と格闘し、それを超えようとする表現を、日本人はまだ獲得していないのではないかという問いかけです。

> 鎌倉時代の美術品がわれわれの眼の前にあつてその美しさといふものはわれわれの批判解釈を絶した独立自足してゐる美しさがあるのですが、さういふ美術品と同じやうに鎌倉時代の人情なり、風俗なり、思想なりが僕に感じられなければならぬ。　（小林秀雄　p.223）

> ほんたうに創造的立場といふものは新しいものは要らん立場ではないだらうか。　（同右　p.226）

> 近代の超克といふことを僕等の立場で考へると、近代が悪いから何か他に持つて来ようといふやうなものではないので、近代人が近代に勝つのは近代によつてである。僕等に与へられて居る材料は今日ある材料の他にはない。その材料の中に打ち勝つ鍵を見付けなければならんといふことを僕は信じて居ます。　（同右　p.254）

小林は、西洋近代を全否定して、東洋に回帰しろという議論を疑っています。むしろ、近代の中から近代をブレイクスルーする存在の中に「近代の超克」のあり方を見ようとします。彼にとって、「近代の超克」は再帰的◆な存在として浮揚《ふよう》してきます。

小林はドストエフスキーに注目します。ドストエフスキーは、十九世紀のロシアを表現した人物ではなく、その時代と格闘した末、戦いに勝った人物なのだと小林は言います。ドストエフスキーの作品は「その戦勝報告書」であり、西洋の個人主義や合理主義と全力で戦って勝ったことが一流である証だと言います。

日本人はようやくドストエフスキーと同様の場所に立とうとしているが、ちょうどそのときに「政治的危機が到来した」。そこで「なんとか日本的原理といふものを発見しなければならん」となってきたが、なかなか難しい。「その難かしさが、かういふ座談会を開かせたのではないか」（以上、p.217-218）と指摘しています。

この立場に非常に近いのが作曲家の諸井三郎です。

ヨーロッパの音楽に於《お》いてベートヴェン以上の音楽はどうしても発見し得ない（p.209　諸井三郎）

われわれはどうしても一度はヨーロッパ音楽を完全に研究して見なければならなかつた。研究

◆

再帰的　いったん客体視したうえで、主体的に引き受け直すこと。意識的に選択し直すこと

すると言つても、唯々《ただただ》外側だけを研究することは間違ひで、それの精髄《せいずい》を玩味《がんみ》しなければならない。

（同右　p.209）

諸井は「近代の超克」をベートーベンの存在に見出しています。小林は「そりァ僕は大賛成だね」と同意し、諸井が「僕の作品は随分長いこと、ドイツ的な音楽だ――といふことを言はれて来ましたが、甘んじてその評を受けて来た。然《しか》しこれからは克服し得ると思ひますね」というと、そのヒントは日本の伝統音楽から得たのかと尋ねます。諸井は、「さうぢやない」と否定し、徹底したヨーロッパ音楽の研究と吟味《ぎんみ》によって得られた境地だと答えます。すると小林は「君は日本音楽は嫌ひですか?」と質問し、諸井が「嫌ひぢやないです」と答えると、「非常に駄目ですか?」と聞きます。諸井は「発展性がないと云ふのです」と答え、伝統音楽をだめだと言っているのではなく、伝統音楽の道を歩んでも、ヨーロッパ音楽の道を歩んでも、同じ問題につきあたるのだというのです。

映画評論家の津村秀夫（一九〇七―一九八五）も出席していて、日本は西洋音楽の悪影響をずっと受けてきたから、今日の映画音楽はダメだといい、「歌詞は勿論《もちろん》のこと、声楽の発声法なんかも、西洋音楽の悪い影響を蒙《こうむ》つてゐると思ふ」と指摘します。

これに対して諸井は、「それは本当の日本がないといふことです」といいます。外からの影響を受けてダメになってしまうような音楽は、そもそも本当のものをもっていないのだというのです。

そうすると林房雄がからんでいき、エピソードを紹介します。あるところでラジオから西洋の発声法で歌っている歌声が聞こえてきた。その場の人たちは白けてしまって、年配の人たちはしかめっ面をした。自分は四十代で若かったけれども弱ったなあという顔をしていたら、あなたもわかりますか、といわれたと。この日本人の嘆《なげ》きを西洋音楽家にわかってもらえませんかなあとため息をつきます。

林はそのあとに「東洋のものは、日本でも支那《しな》のものでも、声を一度潰しますね。あれは西洋にありますか?」と問いただします。諸井が「ないですよ」と答えると、林は「さういふことが、これからの問題ではないですか」と言って、諸井を批判します(以上、p.209-214)。

林は日本や東洋の伝統的な声楽のあり方の中に本源的なものを見ようとし、そこに回帰することこそが「近代の超克」であるとします。しかし、諸井は近代が生み出したベートーベンこそが重要だといいます。

この諸井の立場に同調するのが小林で、ドストエフスキーへの評価につながります。どんな時代でも一流の人間は時代を超克しようとする。いつも人間は時代と戦っている。その問いは時代を超えている。そういう同じものを貫いた人こそが永遠なのだと言います。

W 歴史と交わる

小林秀雄は座談会で、幾度となく「歴史」をめぐって発言します。歴史観は無数にある。しかし、歴史はいつもさまざまな解釈にもまったく動じない。歴史とは、数多くある実在の異名のひとつだと小林は考えた。このころの小林は「無常という事」や「西行」「実朝《さねとも》」を書いている。日本古典を読むとは、歴史に参入することだということを彼が身をもって感じていたころにこの座談会が行われた。

歴史というのが今にまざまざと蘇らずに、我々はそれとどう向き合うことができようか。いかに解釈するかは二義的な問題である、まず、それに出会わなくてはならない、と小林は考えた。歴史というのは、頭で考えるものではなく、交わるものだという小林の経験だった。そうした原経験がないままに、どうやって「近代」の実相を知ることができるのか、その本当の姿を知らずに「超克」などできようか、というのが小林秀雄の視座でした。

「歴史」は、小林にとっては「永遠」の異名です。それはプラトンがいうイデア界の現実だった。だから、小林にとって「読む」とは、それを書いた者を通路に、そこで描かれている世界で生きてみることだった。こうした経験に裏打ちされた実感は、小林秀雄の作品に充溢《じゅういつ》していきます。彼にとって本居宣長《もとおりのりなが》（一七三〇―一八〇一）を書くとは、文字どおり宣長と対話することだった。

読むことは情報をため込む作業なのか、永遠に与《くみ》する経験か、現代が前者に傾きつつあるのは言うまでもありません。しかし、プラトンの時代はもちろん、宣長の時代まで、ある本を読むことを許されることは、もっとも高次な意味における神聖な儀式だった。また、読むことは書くことに劣らない、叡知の伝承において欠くことのできない営みであると考えられていたのでした。

W 近代の彼方

先に中島さんが諸井三郎にふれてくださいました。『近代の超克』では正面から論じられることがありませんでしたが、「近代の超克」を考えるとき避けて通ることのできないのが神秘哲学の問題です。

座談会では、接近した問題の提起として、科学と魔術にふれ、この二者が出発点においては一つだったという下村寅太郎の発言があります。また、下村は、かつては一つだったとしても近代ではそれを区別しなくてはならないとも語ります。区別を論じながら下村は、その淵源を探ることの大きな重要性と困難を同時に感じています。この主題は彼にとっての根本問題だったことは今日、下村の業績全体を見てみるとよくわかります。

この問いを音楽の世界で考えたのは諸井三郎でした。諸井は、技法としての近代音楽の発展を願う一方、祈りの一形式として発生した音楽の霊性を生涯にわたって考えた人物でした。彼は作曲家であったが、著述家でもあった。そして何よりも、彼の本性が神秘家だったことが重要です。

若いころから諸井は、座談会に参加していた小林秀雄、河上徹太郎とも親しくしていた。彼らが出会ったのは、のちに作家となり文化庁長官をつとめる今日出海《こんひでみ》（一九〇三—一九八四）と、その兄で同じく作家で天台宗の僧になる今東光《こんとうこう》（一八九八—一九七七）の家でした。この兄弟の父、今武平《こんぶへい》（一八六八—一九三六）がこうした若者を惹きつける、いわば磁石のような働きをもっていたのです。そこには中原中也《なかはらちゅうや》（一九〇七—一九三七）、大岡昇平（一九〇九—一九八八）なども集まってきます。川端康成（一八九九—一九七二）もその一人です。

今武平は、日本郵船につとめていた船長でしたが、インドの神秘家クルシナムルティの思想に出会い、仕事をやめ、その思想の研究、すなわち神智学の研究に従事します。ここでの「神智学」は、アニー・ベサント（一八四七—一九三三）らによって牽引された、西洋的な、キリスト教を頂点とする世界観を、今日の言葉でいえば「脱構築」する精神運動です。

ここで試みられているのは、二十世紀後半に跋扈《ばっこ》した、貧相な神秘主義者たちによる活動とはまったく異なります。狭義の意味での神秘体験は、目的の途中にすぎなかった。この点を見過ごすと神秘哲学が秘めている革新性がわかりにくくなります。アニーは、神秘家であり、インド独立運動とも深いつながりをもつ実践家でもありました。霊性の刷新なくして、真実の革命は起こらない、それが彼らの静かな、しかし、熱い確信だったのです。今武平は、こうしたインドで起こった同時代のうねりを一身に背負っていた。彼らにとって神秘を学ぶとは、どこまでも他者に開かれていくことでした。

神智学は、シュタイナー教育で知られるルドルフ・シュタイナーの思想的源泉でもありました。日本でシュタイナーにいち早く反応したのは思想家大川周明です。先に神智学とインドの独立にふれましたが、大川はインドの独立運動に早い時期から共鳴しています。また、鈴木大拙の妻ビアトリス（一八七八―一九三九）は神智学の徒でした。大拙の自宅はある時期、今武平の家がそうだったように、日本における神智学の拠点になります。諸井も小林も今武平に無視できない影響を受けました。諸井が中心になって「スルヤ」、インドの言葉で太陽という意味の楽団をつくって、中原の詩に曲をつけて演奏したりしています。若き日の、強い肉感をもって経験された神秘との邂逅《かいこう》は、その人物を貫く経験になります。

表層的な合理主義を超えた、本当の意味で「理《ことわり》」に合ったという意味での、真の合理の発見が求められている。そうした世界観の出現なくして「近代の超克」はないと諸井も小林も考えています。

もう一人、最後にふれていきたいのが座談会を司会した河上徹太郎です。座談会での河上にはさほど注目するべき発言はなかったように感じられます。しかし、その後、「近代の超克」という問題をもっとも意識的に考えたのは河上だったかもしれません。その成果は彼の主著の一つである『日本のアウトサイダー』に結実します。ここで河上は、宗教、神秘哲学はもちろん、マルクス主義、アジア主義の問題を包括しながら、中原中也、河上肇《はじめ》（一八七九―一九四六）、岡倉天心、内村鑑三、岩野泡鳴《ほうめい》（一八七三―一九二〇）などを論じながら、近代精神とその超克を論じていきます。

人はときに自らの認識が明らかに不十分であることを感じながら発言を続けることがある。しかし、文学者、それも一流の文学者あるいは哲学者は、それを放置するようなことはしない。自分のなかで成熟させ、深化させせます。ほかの人が忘れても、自分は自分の未熟な言葉を覚えているというのが優れた表現者である証拠なのかもしれません。河上を考えるとき、『近代の超克』と『日本のアウトサイダー』は、十余年を経て書かれた書物の上下巻のように読まなくてはならないと思います。そこにあるのは、修正ではありません。深化であり、成熟です。

𝒲 貧しき独創

思想は移り変わるものです。「現代思想」は次の時代には過去のものになります。でも叡知は古くなることがない。時代時代によってさまざまな現れ方は変わるけれども、それは古くも新しくもない。

現代では文学でも思想でも、みな独創的であろうとします。ですが、独創的であるということとが、これまでにはない新しいことを意味しているのだとしたら、それは新しいだけの中身のない、貧しい表現にすぎないのかもしれません。

真に形而上学者と呼ぶべき人物は、あたり前のことを倦《う》まず繰り返し語ることのできる人物である、そういったのは精神科医で哲学者でもあったヴィクトール・フランクルです。フランクルはユダヤ人でナチス・ドイツによって強制収容所に入れられます。そこでの日々の記録が『夜と霧』です。フランクルは一九〇五年の生まれですから座談会の参加者と同時代人でした。

海外の同時代人が座談会で語られた問題をどう考えたかまで視野を広げて考えてみるのも、今日の私たちには必要なことなのかもしれません。とくに戦時中の日本と密接な関係にあったドイツで、戦争と悪政のもとで苦しんだ人々から生まれた叡知に耳を傾けることは重要です。また、ドイツだけでなく、インド、中国、韓国をはじめとしたアジア諸国にも、戦争によって封じられた叡知の言葉が眠っているにちがいありません。

N 答えのない問い

『近代の超克』の座談会は答えを出してはいません。しかし、きわめて重要な問いがラディカルな対立の中で示されています。重要なのは、この座談会を「失敗だった」と片づけるのではなく、積極的な「誤読」を含めて、今の時代の中で問い直すことです。そのための豊饒《ほうじょう》な素材が、この座談会には含まれています。

もちろん、『近代の超克』が問い残した課題も多くあります。一つは、先ほども指摘しましたが、民衆世界の問題でしょう。形而上学的問いを学者や文化人、宗教家の議論にとどめることには問題があります。この座談会に柳宗悦や鈴木大拙、柳田國男《やなぎたくにお》（一八七五―一九六二）などが加わっていたら、民衆文化と宗教世界の問題が論じられたにちがいありません。

『近代の超克』の未完の可能性を読むことは、現代に向き合うことに直結します。『近代の超克』を読むという創造的行為は、現代の超克という課題を引き受けることです。私たちは、過去の死者と交わりながら、歴史に遡行《そこう》しながら、前に向かって進んでいかなければなりません。

ポール・ヴァレリー（一八七一―一九四五）が言うように、湖に浮かぶボートは後ろ向きに前に進む。私たちは前に進もうと思えば思うほど、過去に目を向けなければならない存在なのではないでしょうか。

あとがき

若松さんの存在を知ったのは、二〇一一年五月に若松さんの著書『井筒俊彦—叡知の哲学』が出版されたときでした。私は発売と同時に購入し、一気に読み終えました。

そのときの感覚は今でも忘れることができません。私は地の底から湧き上がるような喜びに満たされました。若松さんは私よりも年齢が上なので失礼にあたるかもしれませんが、ようやく追い求めてきた同志に出会った喜びに震えたのです。

私はアジア思想の根源を「不二《ふに》一元」という観念に置き、そこから近代日本思想を見直す作業をおこなってきました。この作業はとても孤独でした。世の中では底の浅い東アジア共同体論が流行し、鳩山政権が失敗に終わると、潮が引くようにあっさりと姿を消しました。一方、書店では「嫌韓」「嫌中」を主張する書籍が幅を利かせるようになり、在日コリアンに対するヘイトスピーチが公然と拡大するようになりました。井筒俊彦、柳宗悦、鈴木大拙といった思想家の叡知はほとんど顧《かえり》みられず、表層的で軽薄な議論ばかりが飛び交っていました。

そんななか、若松さんの登場は、私にとって視界が一気に開けたような希望の瞬間でした。同時代に同じことを考えている人がいるという喜びは、大きな安堵感となって、私を包み込みました。

私は「どうしても若松さんとお会いしたい」と思い、何とかチャンスはないものかと考えました。すると偶然、神保町の東京堂書店で批評家の安藤礼二さんとのトークイベントがあるとの情報を見つけました。慌てて予定帳を開くと、その日は自由のきく日でした。安藤さんにも以前からどうしてもお会いしたかったため、「このときを逃してはならない」と思い、勢い勇んで北海道から上京しました。そして、念願の若松さんとの「初対面」となったのです。

しかし、懇親会の場で、私は驚くことを知らされました。若松さんは「じつは一度、中島さんとインドで会っているんですよ」とおっしゃったのです。私はインドの首都デリーで調査をしているとき、仏教のお寺に寄宿していたことがあったのですが、そこに若松さんが訪問され、同じテーブルで食事をとったというのです。若松さんはそのとき、とくに自己紹介をされなかったため、私は「日本人と食事をした」ことは記憶していたのですが、それが「後に出会い直すかけがえのない同志」とは思いもせず、うかつにも出会い損ねてしまいました。

それから十年。私は若松さんと無事、「再会」することになりました。そして、この本が誕生することになりました。

3・11後、若松さんと私は別々の場所で、同じ「死者」というテーマをめぐって、思考を繰り返していました。これもまったくの偶然ですが、私にはどことなく必然的な合致のように思われました。

対談本の企画が動き出し、実際に対談が始まると、二人は同じ箇所に線を引き、同じ参考図書を持ち込んでいました。それも不思議なことだったのですが、私にはやはり必然的なことのように思えました。そして、そのような「必然」が「自然」となる同志を得た幸せを、私はあらためてかみしめました。

若松さん、ありがとうございます。私は本当に思想的・宗教的な孤独から解放されました。

この本がミシマ社から出版されることも、私にとっては大きな喜びです。ミシマ社の存在を知ったことも、私にとってはたしかな希望につながりました。自由が丘のオフィス（といっても古い民家ですが）にはじめておうかがいしたとき、社員のみなさんと丸いちゃぶ台を囲みながら、腹を抱えて笑って話をしたことを、忘れることができません。本当にいい会社だなと思いました。

ミシマ社代表の三島邦弘さん、編集を担当してくださった星野友里さん、装丁・デザインを担当してくださった矢萩多聞さん、ありがとうございました。とても楽しく、清々しい仕事でした。

二〇一四年八月一日

中島岳志

書き下ろしの「往復書簡」を終えて

対話は、討論や議論とはまったく別な経験です。誤解を恐れずにいえば、私が消えていく出来事だといえるかもしれません。そこにコトバだけが存在する、そんな感覚は中島さんにもあったのではないかと思います。対話とは、自分が何を考えているかを相手の口から聞くことだといえるのかもしれません。また、自分が何を考えてきたかを、相手の言葉を光にして、たどって見る経験だともいえそうです。この本を制作するうえで行われた四回の対話はいつも、そんな感慨を抱かせてくれました。

本書は、単に対談を活字化して収録したものではありません。むしろ、書き下ろしの「往復書簡」です。それも二人ともにとって、強い熱情と集中力を傾けて書かれた一冊となりました。収録されている言葉は、対談のときの原形をほとんどとどめていません。それほどまでに二人ともが加筆、補正をしました。

とはいえ、語らなかったことを新たに書き加えたということもなかったと思います。むしろ、公式の場所以外で話したことも含めてできるかぎり復元しようとしました。通常、対談は一時間半から二時間程度で終わります。しかし、その前後に雑談があり、たがいの都合が合えば打ち上げをしたりもします。書籍化するにあたって中島さんと私は、こうしたところで話したことであっても、大切だと思われるものをすべて書き下ろしました。

重要なことはどこで語られるかわからない。別な言い方をすれば、本当に大切なことはいつ、どこで、どのように語られたとしてもその真実味を失うことはない、ともいえると思います。最初からそうした手順を意識していたのではありません。しかし、交わされたコトバがこうした姿になることを望んだ、という実感はあります。

一冊の本が、――本当の意味で書物と呼ぶにふさわしい何かが――生まれるまでには、さまざまな幸運に恵まれなければ実現しません。本書は、じつに多くの恩恵をこうむったものとなりました。まず、対話者だった中島岳志さんに心からの感謝を送りたいと思います。そして版元であり編集責任者である三島邦弘さん、編集者星野友里さんは真摯なお仕事で見事に言葉に息吹《いぶき》を与えてくれました。本当にお世話になりました。そして、装丁家の矢萩多聞さんと一緒に仕事をできたことも大きな喜びでした。書物に力がみなぎり、読者のもとに飛び立とうとしています。そして、版元の営業のみなさん、書店のみなさんの力を借りて、この本は読者のもとに届きます。

本文にも書きましたが、書物の言葉はいつも、読まれたときに真実の意味でのコトバになります。

読むことが書物を完成するのです。本書もまた、さまざまな読みによって、豊かに新生することを願わずにはいられません。こうした叡知の流れのなかに参与できたことは望外の喜びでした。みなさんに心からの感謝を申し上げます。

二〇一四年八月一日

若松英輔

現代の超克 本当の「読む」を取り戻す

2014年8月28日　初版第1刷発行

著者　中島岳志　なかじま・たけし

1975年、大阪府生まれ。北海道大学大学院法学研究科准教授。大阪外国語大学でヒンディー語を専攻。京都大学大学院アジア・アフリカ地域研究研究科博士課程修了。専門は南アジア地域研究、近代思想史。著書に、『中村屋のボース―インド独立運動と近代日本のアジア主義』(白水社、大佛次郎論壇賞、アジア・太平洋賞大賞受賞)、『秋葉原事件―加藤智大の軌跡』(朝日文庫)、『血盟団事件』(文藝春秋)、『アジア主義 ―その先の近代へ』(潮出版社) 等多数。

若松英輔　わかまつ・えいすけ

1968年、新潟県生まれ。慶應義塾大学文学部仏文科卒業。批評家、思想家。「越知保夫とその時代」で第14回三田文学新人賞受賞。著書に、『井筒俊彦―叡知の哲学』(慶應義塾大学出版会)、『魂にふれる―大震災と、生きている死者』(トランスビュー)、『岡倉天心「茶の本」を読む』(岩波現代文庫)、『涙のしずくに洗われて咲きいづるもの』『君の悲しみが美しいから僕は手紙を書いた』(以上、河出書房新社) 等多数。

発行者　三島邦弘
発行所　株式会社ミシマ社
〒152-0035　東京都目黒区自由が丘2-6-13
電話／03-3724-5616　FAX／03-3724-5618
e-mail／hatena@mishimasha.com
URL／http://www.mishimasha.com
振替／00160-1-372976

◎ジャケット・帯・表紙・見返し・本扉用紙
ヴァンヌーボVG／F／V
(日清紡ペーパープロダクツ)

◎本文用紙
モンテシオン (日本製紙)

装丁・レイアウト　矢萩多聞
印刷・製本　シナノ書籍印刷株式会社
組版　有限会社エヴリ・シンク

ISBN：978-4-903908-54-0